KINZAI バリュー叢書L

# わかる経済安全保障

境田正樹　白石和泰
SAKAIDA MASAKI　SHIRAISHI KAZUYASU

柴野相雄　山郷琢也　上野一英　戸田謙太郎
SHIBANO TOMOO　YAMAGO TAKUYA　UENO KAZUHIDE　TODA KENTARO

一般社団法人 金融財政事情研究会

# ● 目　次

序　章　　企業経営と経済安全保障

1　経済安全保障の重要性の高まり ⋯⋯⋯⋯⋯⋯⋯⋯⋯⋯⋯⋯⋯ 2

2　経済安全保障リスクに対応するためのガバナンス ⋯⋯⋯ 4

3　本書の目的 ⋯⋯⋯⋯⋯⋯⋯⋯⋯⋯⋯⋯⋯⋯⋯⋯⋯⋯⋯⋯⋯⋯ 7


第1章　　有識者に聞く（前編）
　　　　　──激動の国際情勢を適切に乗り切るために

第1　　高市早苗 経済安全保障担当大臣 ⋯⋯⋯⋯⋯⋯⋯⋯⋯ 10

1　日本企業の意識改革 ⋯⋯⋯⋯⋯⋯⋯⋯⋯⋯⋯⋯⋯⋯⋯⋯⋯ 10

2　機微技術管理、研究インテグリティ ⋯⋯⋯⋯⋯⋯⋯⋯⋯ 11

3　セキュリティ・クリアランス、日本のインテリジェンス ⋯⋯⋯ 12

4　日本のサイバーセキュリティ戦略 ⋯⋯⋯⋯⋯⋯⋯⋯⋯⋯ 15

5　ガバメントアクセスとデータガバナンス ⋯⋯⋯⋯⋯⋯⋯ 16

6　ガバメントクラウド、データセンターの国内設置 ⋯⋯⋯ 17

7　サプライチェーンの強靱化、エネルギー・資源・食料安

　　全保障 ⋯⋯⋯⋯⋯⋯⋯⋯⋯⋯⋯⋯⋯⋯⋯⋯⋯⋯⋯⋯⋯⋯⋯⋯ 18

8　先端技術開発 ⋯⋯⋯⋯⋯⋯⋯⋯⋯⋯⋯⋯⋯⋯⋯⋯⋯⋯⋯⋯ 19

第2　　谷内正太郎 初代国家安全保障局長、株式会社富士

　　　　通フューチャースタディーズ・センター理事長 ⋯⋯⋯ 22

1　今後の国際情勢の見通し ⋯⋯⋯⋯⋯⋯⋯⋯⋯⋯⋯⋯⋯⋯ 22

2　米中の衝突（覇権争い） ⋯⋯⋯⋯⋯⋯⋯⋯⋯⋯⋯⋯⋯⋯⋯ 23

3　日本の防衛・国家安全保障の在り方 ⋯⋯⋯⋯⋯⋯⋯⋯⋯ 26

4　日本企業の今後の在り方 ⋯⋯⋯⋯⋯⋯⋯⋯⋯⋯⋯⋯⋯⋯ 28

## 第 2 章　経済安全保障関連法令の全体像

1　経済安全保障関連法令とは ……………………………………… 32

2　日本の経済安全保障法令 ………………………………………… 33

3　事業局面ごとのリスク …………………………………………… 35

## 第 3 章　投資局面の経済安全保障

1　日本の対内直接投資規制 ………………………………………… 41

2　米国の対内直接投資規制 ………………………………………… 51

3　有事リスク、資産接収リスク …………………………………… 54

## 第 4 章　製造・販売局面の経済安全保障

1　安全保障輸出管理と経済制裁 …………………………………… 60

2　覇権争いの下での米中の輸出管理・経済制裁法令 …………… 64

### コラム　半導体産業の経済安全保障 …………………………… 78

1　半導体の近現代史 ………………………………………………… 78

2　半導体のサプライチェーン途絶リスク ………………………… 85

3　日本の半導体戦略 ………………………………………………… 86

## 第 5 章　研究開発局面の経済安全保障

1　研究開発において取り扱われる情報 …………………………… 91

2　研究開発に関与する人材の管理 ………………………………… 98

3　特定重要技術の開発支援 ……………………………………… 108

## 第6章　サイバー空間の経済安全保障

1　平時対応 ......................................................................... 116

2　サイバーインシデント発生時の対応 ................................. 124

3　サイバー空間の防衛力における日本の課題 ...................... 128

## 第7章　有識者に聞く（後編）
—— 激動の国際情勢を適切に乗り切るために

### 第1　古谷知之 慶應義塾大学総合政策学部教授 ............... 136

1　ドローンの軍事的活用の歴史と各国の開発状況 .............. 136

2　軍事的活用場面におけるドローンの特徴 ......................... 138

3　軍事面におけるドローンの活用状況 ................................. 139

4　日本が取るべき防衛戦略 ................................................ 140

5　日本における防衛技術の開発の方向性 ............................ 141

6　日本企業の心構え .......................................................... 142

### 第2　鈴木一人 東京大学公共政策大学院教授 ................... 143

1　先端技術開発の在り方 .................................................. 143

2　日本企業に求められる経済安全保障リスクへの対応と台
　湾有事への備え ............................................................. 147

### コラム　自動車産業の経済安全保障 .............................. 152

1　世界的に広がるエネルギー・食料危機 ............................ 152

2　日本の輸出産業の脆弱性 ................................................ 153

3　自動車産業の経済安全保障 ............................................ 155

4　本質を見失わないこと ................................................... 158

## 終　章　変化する経済安全保障環境

1　企業の役職員に求められること ……………………………… 162

2　謝　　辞 …………………………………………………………… 169

企業経営と経済安全保障

# 1 経済安全保障の重要性の高まり

2017年のトランプ政権誕生をきっかけに鮮明となった米中対立は、輸出入管理規制や投資規制にとどまらず、デジタル・サイバー空間や人権侵害問題における対立にまで発展してきている。また、2022年2月24日に始まったウクライナへの軍事侵攻に伴い欧米諸国とロシアの深刻な対立も継続している。これらの対立は、民主主義国側と権威主義国側とに分かれた世界的な対立構造となり、そこにインドやインドネシアといったグローバルサウスが存在感を増してくるといった新たな世界構造を出現させている。そして、第二次世界大戦後の世界秩序は核を持つ安全保障理事会の5つの常任理事国（The Five Permanent Members of the Security Council）が間違えず、世界に安定をもたらすことを前提としていた。しかし、そのような前提は音を立てて崩れつつある。国際秩序維持の枠組みは、音を立てて崩れつつある。

このような民主主義国と権威主義国との対立が先鋭化するにつれ、経済的な相互依存関係を利用し、経済的な手段を通じて相手に対して圧力や影響力を行使することで国家の戦略的目標を達成するいわゆるエコノミック・ステイトクラフトが散見されるようになった。そのため、日本を含む各国においては、安全保障を経済的な観点から確保すること、つまり経済安全保障が重要な課題となっている。

IT技術や物流の急速な進化により外部委託コストが大幅に低

下したことで経済合理性の追求が加速し、国際的な水平分業によるグローバル・サプライチェーンが構築され、相互依存関係が深まっていった。これは、世界貿易機関（WTO）体制の下で、いわゆる「グローバリゼーション」が押し進められたことも極めて大きい。

　これまで、グローバリゼーションによる経済的な結び付きの相互深化は紛争リスクを低減させるものとして捉えられており、政府、企業、個人といった複数の階層において国際的な相互依存関係が形成されることは、相手国が一方的な外交政策を行うことの抑止力となると考えられていた。確かに、いずれの国、企業、個人も経済合理性のみを前提に行動するのであれば、グローバリゼーションによる経済的な結び付きの相互深化は、紛争の抑止力として働くことになるだろう。しかし、一度経済的利益を犠牲にすることを厭わない行動原理が採用されてしまえば、経済的な結び付きがかえって対立を深める要因となる。

　つまり、グローバリゼーションの進展によって複雑化したサプライチェーンは、どこか1か所でも供給が途絶してしまえば、たちまち全ての流れにも波及する大きなリスクをはらんでいる。エコノミック・ステイトクラフトなどの経済的利益の犠牲を厭わない行動原理によって、原材料や製品、部品の供給が途絶し、事業活動に深刻な影響を受けるリスクが以前とは比べものにならないほど大きくなっていることを改めて認識する必要があるのである。

　これまで奨励されてきたグローバリゼーションの流れが見直

され始めるに至る1つの転換点となったのが、2018年8月13日に成立した米国の国防権限法2019といえる。米国は、この法律により輸出管理規制、投資規制、通信機器等の調達規制を大幅に強化し、これ以降、中国に対して厳しい規制を行うことが多くなった。一方、中国も、このような米国の動きを受け、輸出管理法や反外国制裁法等の対抗措置を規定する法令が数多く制定された。

　日本など米中以外の各国の企業においては、域外適用があるこれら米中の法令のはざまで、一方の国の法令を遵守しようとするともう一方の国の法令に違反してしまうという困難な状況が発生している。

## 2　経済安全保障リスクに対応するためのガバナンス

　このように日本企業を取り巻く外的な環境が変化し、経済安全保障上のリスクが高まる中、会社の経営層はどのような取組を行わなければならないのであろうか。取締役は、会社とは委任関係にあり、その職務執行に当たっては善良なる管理者の注意義務を負うとともに、会社のために忠実にその職務を行う義務を負っている。そして、これらの義務に違反した場合には、株主等から株主代表訴訟を提起され、会社に対してその違反により会社が被った損害の賠償義務を負うリスク等が生じる。元々経営判断には様々なリスクが伴うのが常であり、取締役には高度かつ専門的な経営判断が求められていることから、取締役の経営判断について広範な裁量権が認められている（いわゆ

る経営判断の原則）。

　しかし、そのような裁量権を逸脱した場合、すなわち、①当該判断の前提となった事実の認識、情報収集に不注意な誤りがあったり、②その事実に基づく意思決定の過程が著しく不合理なものであったりした場合には、上記のとおり、取締役は（経済安全保障分野においても）損害賠償等の責任を負うリスクがあることに十分に留意しなければならない。

　また、このような経営環境の変化に応じて、2021年 6 月11日に改訂されたコーポレートガバナンス・コードと共に施行された「投資家と企業の対話ガイドライン」において、「経営環境の変化に対応した経営判断」の項目に「サイバーセキュリティ対応の必要性、サプライチェーン全体での公正・適正な取引や国際的な経済安全保障を巡る環境変化への対応の必要性等の事業を取り巻く変化が、経営戦略・経営計画等において適切に反映されているか」との記載が新設された。取締役が経営戦略上経済安全保障への対応を適切に行っているか否かについては、投資家からの関心も高まってきている。

　このように、民間企業も各国の経済安全保障政策をめぐる環境の変化に感度を高くして対応することが求められる時代が到来しているのであり、企業の役員等は、善管注意義務として、①経済安全保障に関するしかるべき調査及び正確な情報を収集する体制を整備すること、②行った調査及び収集した情報に基づき適切な（合理的な）判断を行い、業務を遂行することが当然に求められる。

　実際に、企業が各国の経済安全保障関連の法令・情報を調

査・収集し、適切な経営判断を行うためには、社内の関係する部門間における情報の共有と緊密な連携が必須となる。例えば、ある企業が海外の企業とのアライアンスプロジェクトを進めるかどうかの判断において、経営企画部門においてはM＆A等の投資規制や地政学に関するリスク精査が求められ、研究開発部門においては先端技術情報の保全（適切な情報の管理）や開発促進などに関するリスク精査が求められ、営業・販売部門においてはサプライチェーン管理などに関するリスク精査が求められ、人事部門においては人権侵害リスク管理や情報流出／みなし輸出対策などに関するリスク精査が求められる。取締役会は、これら様々な情報とリスクを総合的に判断した上で、プロジェクトを進めるか否かの判断を行わなくてはならないのである。最近では、経済安全保障担当役員と経済安全保障関連リスクの対応を担当する専門の組織を新設する企業も増加しており、情報収集・分析能力の向上や事前対策の実効性・有事対応の即応性を確保するために非常に有効である。この場合、企業のトップは、当該専門組織の後ろ盾となるべきである。そうすることにより、各事業部との間のやり取りがスムーズとなり、かつ組織の実効性を格段に上げることができる。経済安全保障関連リスク対応を行うに当たり、経済合理性では説明できない事象が生じることも多い。そのような場面においては、当該専門組織に与えられた役割の1つとして経済合理性を追求している各事業部門を説得することがある。専門組織が与えられた役割を果たすためにはトップの断固とした意思と後ろ盾が必要となる。また、この情報収集のプロセスや意思決定のプロセスに

おいて、自社のスタッフのみの情報や判断に頼るのではなく、外部専門家の情報や知見を活用することも必要となるであろう。

## 3　本書の目的

　本書では、経済安全保障への対応が求められる企業・ビジネスパーソンを主な対象者として、経済安全保障に関する最前線の案件に日々従事している弁護士らが企業活動における経済安全保障に関する法令について解説を試みた。コラムにおいては、三菱総合研究所所属の第一線で活躍する 2 名の研究員の協力を得て、法令のみならず、産業政策に関する内容についても解説を加えており、また、高市早苗経済安全保障担当大臣ほか本分野の 4 名の有識者の方々へのインタビュー内容も掲載している。

　本書が、経済安全保障・地政学リスクの高まりという大きな時代の変化を迎え、新たな対応に取り組まれている企業・ビジネスパーソンへの一助となれば幸いである。

　なお、執筆内容はあくまで執筆者個人の見解を述べたものであり、執筆者が所属する組織の公式な見解を示すものではない。

# 第 1 章

# 有識者に聞く（前編）
## ——激動の国際情勢を適切に乗り切るために

　日本を取り巻く外的環境の変化により経済安全保障リスクの懸念が高まる中、岸田政権下において経済安全保障担当大臣が新たに設置された。2022年8月10日には、初代の経済安全保障担当大臣を務めた小林鷹之氏に代わり、高市早苗経済安全保障担当大臣が就任した。国際情勢が大きく変化する中、今後の日本の経済安全保障政策はどうなっていくのであろうか。その鍵を握る高市大臣へ聞いた。

---

※2022年10月11日実施。役職・肩書は当時。
　聞き手：境田正樹、白石和泰、山郷琢也、上野一英、石原慎一郎、石田晃大、杉浦孝明（三菱総合研究所）

---

## 1　日本企業の意識改革

**聞き手**　先の通常国会において経済安全保障推進法が成立し、経済安全保障対策の重要性が国民にも浸透してきたと思いますが、ロシアによるウクライナ侵攻や、北朝鮮による相次ぐミサイル発射、中国による台湾周辺での大規模軍事演習等、日本を取り巻く安全保障の状況は日々緊張が高まっています。このような状況を踏まえて、日本企業においてどのような意識改革が必要でしょうか。

**高市氏**　近年の国際情勢は、変化のスピードが速く、複雑化

し、不確実性に富んだ状況となっています。このような国際情勢を背景として、経済安全保障上の課題は多岐にわたることから、政府だけの取組では限界があり、重要なプレーヤーである日本企業全体の取組が重要です。

政府としては、これまでも、民間事業者に対する情報提供に努めてまいりましたが、引き続き、経済界と緊密に連携し、日本企業の現場で経済安全保障に対する意識が醸成され、必要な取組が進むよう、努力していきたいと考えています。

特に技術流出の防止は、日本の技術的優位性の維持確保等の観点から重要な課題です。まずは各企業や研究機関等において、技術情報や営業秘密の流出の主な原因を踏まえ、情報管理体制を一層強化していただくことが重要だと思います。そうした中、民間企業において、経済安全保障を担当する部署を置く、技術流出防止のための取組を強化するなどの動きがあることを歓迎しており、引き続きこうした措置を採っていただきたいと考えます。

政府としては、2022年5月に成立した「経済安全保障推進法」による取組をはじめとして、日本企業全体とも緊密に連携しながら、経済安全保障の取組を推進していきます。

## 2　機微技術管理、研究インテグリティ

**聞き手**　近時は、ドローン、AI、極超音速兵器、量子技術等、安全保障の在り方を根本から変えるゲームチェンジャーとな

り得る技術が数多く出てきています。諸外国においてこのようなゲームチェンジャーとなり得る技術を積極的に活用する動きがある一方、日本の先端技術が国外に流出しているとの指摘もあります。このように軍民両用の先端技術の機微技術管理の重要性が高まる中で、日本企業や大学はどのように対応すべきか、お考えをお聞かせください。

高市氏　技術流出の防止は、日本の技術的優位性の維持確保等の観点から重要な課題であると認識しています。政府としては、これまで、

① 外為法に基づく対内直接投資規制に係る指定業種の追加
② いわゆる「みなし輸出」管理の強化
③ 留学生や外国人研究者の受入審査の強化
④ 大学・研究機関における研究インテグリティの確保
⑤ 各企業や研究機関等における情報管理体制の強化のための普及啓発

などに取り組んできました。

　日本企業や研究機関等が有する先端技術等は、各国の関心の対象であり、適切な情報の管理と対策は重要な課題です。各企業や研究機関等において、技術流出対策に係る意識が十分に醸成され、情報管理体制を一層強化していただくことが重要であると考えます。

## 3　セキュリティ・クリアランス、日本のインテリジェンス

聞き手　機微技術管理をより実効的に行う仕組みとして、機密

情報へのアクセスを一部の政府職員や民間の研究者・技術者に限定する仕組み、いわゆるセキュリティ・クリアランス制度があるかと思います。同制度をめぐっては、様々な意見が聞かれるところですが、このような制度の不存在が先端技術分野における国際的な共同研究を阻害する一因になっているとの評価もあるかと思います。日本のセキュリティ・クリアランス制度の在り方について、お考えをお聞かせください。

**高市氏**　セキュリティ・クリアランスに関しては、重要な技術情報などを取り扱う者への資格付与の問題として、「経済安全保障推進法」の衆参両院の附帯決議で示され、また、私が政調会長として策定・審査に携わった「骨太の方針2022」でも示されました。今後、しっかりと検討してまいります。

　セキュリティ・クリアランス制度は、個人の情報に対する調査を含むものであり、こうした制度に対する国民の理解の醸成の度合いを十分に検証する必要があります。

　現在、実際にクリアランスが求められる具体的な事例の把握や検証を行っているところで、そうした点も踏まえつつ、大臣として議論を前に進めたいと考えています。

　いずれにしても、機微技術に関するものを含め、情報流出対策を更に進めることは重要です。政府として、必要な取組の強化に努めてまいります。

**聞き手**　米国においては外国情報監視法（FISA）、中国においては国家情報法に代表されるように、各国が諜報活動に関する法制の整備やインテリジェンス能力の強化を進める中で、日本の法制やインテリジェンス能力の脆弱性が指摘されてい

ます。日本における法制（スパイ防止法等）やインテリジェンス機関の在り方についても、お考えをお聞かせください。

**高市氏**　まず、政府としては、国内において、外国情報機関による情報収集活動が行われているとの認識に立って、そのために必要な対策を講じています。機微な情報や技術の流出防止については、これまでも、「不正競争防止法」などに基づき対策を実施してきました。

　いわゆる「スパイ防止法」の必要性については様々な論議があるものと承知していますが、国の重要な情報等の保護を図ることは極めて重要であることから、引き続き、政府として必要な取組の充実・強化に努めていくこととしています。

　また、日本の情報コミュニティについては、内閣直属の情報機関として内閣情報調査室が設置され、情報コミュニティ各省庁が内閣の下に相互に緊密な連携を保ちつつ情報収集・分析活動に当たっています。

　具体的には、内閣官房長官が議長である内閣情報会議やその下に置かれる合同情報会議を通じるなどして、各省庁が収集・分析した情報が集約され、総合的な評価、分析を行う体制が整備されており、情報コミュニティとして機能していると認識しています。

　その上で、この情報コミュニティから国家安全保障局等に提供される情報は、経済安全保障に係る多岐にわたる政策課題への取組に活用されており、こうした観点から、経済インテリジェンスは経済安全保障の取組を下支えする重要な要素になっていると考えます。

　経済安全保障の観点からも、引き続き、政府における情報の収集・集約・分析体制の一層の充実・強化を図っていきたいと考えています。

## 4　日本のサイバーセキュリティ戦略

**聞き手**　近時、ハイブリッド戦という言葉に代表されるように、サイバー空間での防衛の重要性が叫ばれています。例えば、2019年5月10日に、高市先生が本部長を務められていた自民党サイバーセキュリティ対策本部で取りまとめられ、内閣（総理と官房長官）に提出された「第2次提言」では、「アクティブ・ディフェンス（サイバー空間上での反撃）」や「偽情報（フェイクニュース）対策」等を可能にする法制度整備の検討等について記載がされております。日本のサイバーセキュリティ戦略や現行の法制度上の課題について、お考えをお聞かせください。

**高市氏**　サイバーセキュリティの課題には、昔から取り組んでまいりました。経済安全保障の観点からも、サイバーセキュリティの確保は重要です。「経済安全保障推進法」においても、国際的に基幹インフラに対するサイバー攻撃等の脅威が増大している状況も踏まえて、我が国の基幹インフラ役務の安定的な提供を確保するために、基幹インフラ事業者による重要な設備の導入等を国が事前審査する制度を導入いたしました。

　制度の円滑な実施に向け、着実に準備を行っていくことで

サイバーセキュリティ政策と経済安全保障の一体的な確保に向けた取組を、関係省庁と連携して進めていきたいと考えています。

## 5　ガバメントアクセスとデータガバナンス

**聞き手**　サイバー空間における安全保障に関わる論点として、政府機関等による民間部門が保有する情報への強制力を持ったアクセス、いわゆる「ガバメントアクセス」の問題があるかと思います。例えば、米国ではCLOUD法、中国では国家情報法、データセキュリティ法等において、国家機関が民間企業、個人に対してデータの開示を要求し得る規定が置かれています。このような諸外国の動向を受けて、日本でも対応が検討されていますが、これについてお考えをお聞かせください。

**高市氏**　日本はこれまで、データについて、国際的に自由なデータ流通の促進を目指し、プライバシーやセキュリティ、知的財産権に関する信頼を確保しながら、ビジネスや社会課題の解決に有益なデータが国境を意識することなく自由に行き来する、DFFT（信頼性のある自由なデータ流通）の考え方などを提案してまいりました。

　他方、近年、諸外国において、政府機関などの公的機関による民間部門が保有する情報への強制力を持ったアクセス、いわゆるガバメントアクセスなどを行い得る法制度が整備されてきており、守るべき情報の漏えいや不適正な取扱いのリ

スクが高まりつつあります。

　このような環境の変化も念頭に、経済安全保障の観点から、自由で開かれた経済を原則としつつ、各国の制度や様々なリスクを踏まえてデータ分野における透明性の向上を図ることで、プライバシーやセキュリティがきちんと守られながらデータが円滑に国境を越えて移転できるよう、関係省庁と連携して取り組んでまいります。

## 6　ガバメントクラウド、データセンターの国内設置

**聞き手**　政府は中央省庁と地方自治体を対象に行政システムのクラウド化を目指しておりますが、重要なデータを守るために、データセンターの国内設置を進めるべきという議論もございます。この点について、日本の電力事情における問題点にも触れつつお考えをお聞かせください。

**高市氏**　データセンターの国内設置は、国民生活や経済活動の基盤となる重要な情報資産等を守るセキュリティの確保の観点から、重要な取組です。その一方で、データセンターは、電力消費が大きい施設で、既に日本全体の電力の 1 〜 2 ％程度をデータセンターで消費しているといわれています。今後、更なる増加も見込まれており、データセンター自体の省エネ化研究を進めるとともに、地方で生まれる再生可能エネルギーも十分に活用し、国全体としてエネルギーを効率的に利用することが必要であると考えています。

　こうした問題意識も踏まえ、「デジタル社会の実現に向け

た重点計画」においては、2022年度以降、段階的にデータセンター等の立地環境の最適化や地方立地の促進を図るとともに、分散型クラウド関連技術に関する研究開発を推進し、その成果を活用することで、更なるセキュリティの向上、消費電力の効率化によるグリーン化、大容量データの効率的処理等の更なる高度化を図ることとしています。

　経済安全保障の観点からは、こうした取組を通じて、データの機密性等に応じて適切なサービスの提供を受けられる環境の実現に向け、デジタル産業の事業基盤を国内に確保することが重要であると考えます。

## 7　サプライチェーンの強靱化、エネルギー・資源・食料安全保障

**聞き手**　重要物資の他国への過度な依存による経済安全保障上のリスクを軽減するため、経済安全保障推進法において特定重要物資の安定供給の確保のための制度が導入されました。日本は半導体、レアアース等の重要鉱物、医薬品、エネルギー資源、食料等を他国からの輸入に依存しているため、エコノミック・ステイトクラフトが行われたときや有事における脆弱性が指摘されています。各重要物資について、日本が安定供給を確保していくための課題や重要な点について、お考えをお聞かせください。

**高市氏**　新興国の経済成長とグローバル化に伴う高度な国際分業体制において、重要な物資の供給途絶リスクが顕在化して

います。コロナ禍の下では、医療ガウン、マスクやワクチン、医薬品など、必要な物が入手できなくなる事態が発生したことは、記憶に新しいことだと思います。

　このような状況を踏まえ、「経済安全保障推進法」においては、国民の生存や国民生活・経済活動にとって重要な物資を特定重要物資に指定し、その安定供給確保に取り組む事業者を支援することを通じてサプライチェーンの強靱化を図るための制度を措置いたしました。経済安全保障担当大臣として、まずは法律に定められた制度の円滑かつ実効的な施行に向けて、しっかりと取り組んでまいります。

　また、安全保障の取組の対象が経済分野にまで広がる中、外交、防衛のみならず、経済、エネルギーや食料などを含めた総合的な観点から、安全保障政策を進めていくことが重要であると考えています。

　食料安全保障・エネルギー安全保障等の取組と整合性を図るとともに、経済安全保障の観点で新たに措置すべき課題について、不断の検討を進めてまいります。

## 8　先端技術開発

**聞き手**　近時、AI、量子等軍民両用の先端技術について安全保障上の重要性が高まっており、各国はこのような先端技術の研究開発にしのぎを削っています。例えば、米国では、DARPAが先端技術の研究開発に大きく寄与していますが、DARPAの予算は国防省の科学技術予算のうち約25％を占め

るといわれています。しかし、日本においては、軍民両用技術の研究開発に対する日本学術会議や大学の謙抑的な姿勢もあり、諸外国に比べて、研究開発資金が不足しているという問題点があると思います。日本の先端技術開発の方向性や研究の在り方、日本が進めるべき研究開発の分野等についてご意見をお聞かせください。

**高市氏**　まず、先端技術については多義性があり、様々な利用可能性を有していると思います。

　その上で、近年、科学技術・イノベーションが激化する国家間競争の中核を占めており、先端的な重要技術の研究開発の促進と成果の適切な活用は、中・長期的に日本が国際社会において確固たる地位を確保し続ける上で不可欠な要素であり、諸外国に伍する形で研究開発を進めるための制度を整備する必要があります。

　このため、「経済安全保障推進法」においては、①政府による先端的な重要技術に係る研究開発基本指針の策定や、②指定基金による強力な研究開発支援について定めたほか、③潜在的な社会実装の担い手として想定される関係省庁や民間企業による、省庁や産学官の枠を超えた伴走支援を行うための協議会について、新たに制度を設けることとしています。

　また、日本が進めるべき研究開発の分野については、新たな技術シーズやニーズの出現、国際情勢等を通じて常に変遷し得るものであることから、不断に見直していくことが必要ですが、例えば、法に基づく指定基金となることが想定される「経済安全保障重要技術育成プログラム」では支援対象と

なる技術等を研究開発ビジョン（第 1 次）に示し、2022年 9 月に公表いたしました。

　本ビジョンでは、日本にとっての技術面の優位性・不可欠性を確保・維持する観点から、社会や人の活動等が関わる場としての海洋、宇宙・航空といった領域を考慮して、AIや量子といった経済安全保障上、我が国に必要な重要技術を見極めて、支援すべき技術を整理しています。

　経済安全保障重要技術育成プログラムについては、既に、2021年度補正予算で2,500億円を計上していますが、引き続き、「骨太の方針」なども踏まえながら、必要な額を確保したいと考えています。

## 谷内正太郎 初代国家安全保障局長、株式会社富士通フューチャースタディーズ・センター理事長

　民主主義国と権威主義国の対立による分断、ロシアによるウクライナ侵攻により、日本を取り巻く国際情勢、安全保障・地政学リスクが大きく変化し、戦後最大の転換点ともいえる時代を迎えている中、今後の日本の国家安全保障政策はどのようにあるべきなのであろうか。長年外交・安全保障に従事し、初代国家安全保障局長を務められた谷内正太郎氏へ聞いた。

---

※2022年10月18日実施。役職・肩書は当時。
　聞き手：境田正樹、白石和泰、上野一英、石田晃大、山田怜央

---

## 1　今後の国際情勢の見通し

**聞き手**　米中対立やロシアによるウクライナ侵攻など、昨今の国際秩序は不安定さが増しているように思います。谷内先生の、長年にわたる外交官としての、あるいは初代国家安全保障局長としてのご経験を踏まえ、今後の国際情勢についてのご見解をお聞かせください。

**谷内氏**　私は1969年に外務省に入省して以来、50年近く外交畑に携わっています。今から約30年前に湾岸戦争、そして冷戦の終結という事態があり、冷戦下における米ソの二極構造から米国のみの一極構造といわれる状況になりました。そし

て、新興国の経済成長、とりわけ中国が急速に国力を充実さ
せたことが米国の地位の相対的低下を招き、多極化あるいは
無極化と呼ばれるような状態に至ったわけです。

　現在においては、新型コロナウイルスの蔓延とそれに伴う
WHOへの世界的な不信感の高まり、さらには、ロシアによ
るウクライナ侵攻に代表される国際法が公然と破られるよう
な事態など、戦後営々と築かれてきたリベラルな国際秩序全
体が大きく揺らいでいます。グローバルガバナンスの危機と
も呼べるでしょう。

　特にウクライナ問題については、元々対応力の弱さが指摘
されてきた国連安全保障理事会の限界が露呈しました。現在
の国際社会は、分断と対立と混乱、という状態にあります。

　今後の国際情勢は、中国と米国が軍事力、経済力だけでな
く、政治、社会、技術、文化といった総合的な意味での国力
を、どのように築き上げ、両国がどのように対峙していくこ
とになるか、今後の国際情勢は不透明であり、ご質問に対し
て歯切れの良い回答を返すことは難しいです。

## 2　米中の衝突（覇権争い）

**聞き手**　トランプ政権下で本格的にスタートした米国による中
　国への経済的締め付けは、バイデン政権になっても継続して
　いるように見えます。今後の米中の衝突についてご意見を伺
　えますでしょうか。

**谷内氏**　中国においては習近平体制の継続が決定し、以前から

の路線の継続、つまり「中華民族の偉大なる復興」を目指して、社会主義現代化強国路線を進めるものと思われます。中国が国としての存在感を高めていくことを意図している以上、米国としてはこれに対抗していくことになると思います。

　新型コロナウイルスの蔓延、ロシアによるウクライナ侵攻などの事件は米中対立をより深刻なものにしました。新型コロナウイルスに関しては、トランプ大統領が中国を発生源として糾弾し、またマスク・ワクチンの対応においては、各国で自国向けの対応が優先されました。さらに新型コロナウイルス感染症の世界的蔓延という未曽有の事態に対応する能力について、民主主義体制と権威主義体制の政治体制の優位性に関する議論にまで発展しました。また、ロシアによるウクライナ侵攻をめぐっては、力による一方的な現状変更に反対するという観点から、米国は早々にウクライナ支援を決めましたが、中国は基本的には「中立」を保つという形で米国と異なる対応を取りながら、西側諸国による制裁で輸出先を失ったロシアの原油を安い価格で購入することにより、独自の利益を得ています。

　中国が米国と異なる対応を取ることができる根底には、中国の国力が強くなっていて、やがては米国を追い抜くという自信があることが挙げられます。少なくとも中国自身はそう思っているはずであり、2008年のリーマンショックを契機として、米国を中心とした西側諸国の力の陰りを実感したということが発想の根源になっていると考えられます。

　既に2010年には日本のGDPを追い抜いて世界第 2 位の経済大国となった中国は、国力の更なる増強を進めつつあり、「社会主義現代化強国」のスローガンの下、今世紀の半ばまでに世界の覇権国家となることを目指しています。中国が米国のGDPを追い抜くことができるのか、という点については種々の議論があるところですが、それでも中国が長期的視野で覇権国家としての地位を目指していることに変わりはありません。

　一方、米国はここ数年で中国の危険性を深く認識しました。米国は従前において、弱くて混沌とした中国に対する素朴な同情心を持っており、改革開放政策についても米国が深くコミットメントすることで、中国が民主主義に向かっていくだろうと考えていたと思われます。しかし、経済成長を果たした中国は米国が想定していた姿とは全く異なっていました。

　私は1980年代後半にワシントンの大使館に勤めていたのですが、この時の日本はバブル期にあり、経済的に米国を追い抜くのではないかという話もありました。この時の米国の日本に対する態度は、同盟国に対する態度などでは到底なく、むしろ敵国のような扱いであったことがいまだに鮮明に思い出されます。現在の覇権国という地位を他国に奪われることへの米国の恐怖心は、それほど強いわけです。そして、今の中国は当時の日本以上の脅威になっています。

　もっとも、米国と中国は共に核兵器保有国であり、また通常兵器であっても科学技術の目覚ましい発展によりその破壊

力は大きくなっています。米中両国は、戦争を避けるために、覇権争いにおけるゲームのルールを形成しようとするのではないかと予想しますが、しばらくはそのような歩み寄りも難しく、米中の衝突は続くのではないでしょうか。

## 3　日本の防衛・国家安全保障の在り方

**聞き手**　今お話しいただいた国際情勢の中で、日本としては防衛や国家安全保障をどのように捉え、意識・実行すればよいでしょうか。ロシアによるウクライナ侵攻を踏まえ、日本はどのような教訓を得て生かすべきか、との点についても、併せてご教示ください。

**谷内氏**　ロシアによるウクライナ侵攻は、国家安全保障の重要性が再認識される契機になりました。日本は、戦後の風潮として平和主義が根強く、日本が加害者の立場を捨て武器さえ手にしなければ戦争に巻き込まれないという、ある種の幻想があったように思います。ある時期まではそれで問題がなかったのかもしれません。しかし今回のウクライナ侵攻は、核大国による非核小国に対する一方的な侵攻です。このように、戦争は降りかかってくることがあるわけですから、日本はウクライナの経験を踏まえて、どのような教訓を得るべきか真剣に考えるべきであり、私は3つの教訓があると考えています。

　第1の教訓は、国連憲章の明確な違反であるにもかかわらず、大国が武力を用いて一方的な現状変更を迫るという事態

が実際に起こること、しかも、国連安全保障理事会の常任理事国であるロシアがそのような行為を行ったということです。

第2の教訓は、ウクライナがロシアに対して行っているように、徹底的な抵抗を行うことの重要性です。ウクライナ国民が国と家族のために徹底的に戦う自助努力をしているということは、西側諸国、とりわけ欧米諸国の支援を呼び込んでいる最大の要因です。ウクライナ自身はNATOに加盟していませんが、ウクライナの抵抗に共感を寄せる国々が助けようという姿勢を示しています。防衛においては、最初から他国に頼るのではなく、まず自助努力が前提として求められるということが実証されたのです。

第3の教訓は、国連の安全保障理事会は機能しない場合があるということです。安全保障理事会は、国際連盟が第二次世界大戦を防げなかった教訓から創設されたものです。この制度の前提として、常任理事国5か国は国際平和と安全に対する重い責任を負っているにもかかわらず、ロシアはその責任を自ら放棄しています。

これらの教訓を踏まえ、今後日本はどうしていくべきかについては、1つ目は防衛力を強化すること、2つ目は自由で開かれた国際秩序の再形成に向けて努力をすることだと考えています。戦後の自由な国際秩序が大きく揺らいでいる現在において、国際秩序や国際平和のための仕組みをどのように回復し立て直すかが問われています。日本は安倍政権下において「自由で開かれたインド太平洋」という構想を打ち出

し、国際社会で一定の評価をされています。このアセットを生かして、積極的に秩序形成に貢献することが大事であると考えます。

## 4 日本企業の今後の在り方

**聞き手** ここ、3、4年は経済安全保障の重要性が非常に増しています。日本企業としては、このような激動の国際情勢において、経済安全保障の観点からどのような点を意識することが必要でしょうか。

**谷内氏** 様々な意味で厳しい立場に立っている日本企業が、これから強力に発展していくためには、戦略物資の確保、先端技術・研究開発重要情報の保護、先端技術・研究開発上のサイバーセキュリティの確保、サプライチェーンの維持などが必要であり、政府との協力は欠かせないと思います。

　例えば、サイバーセキュリティについて、企業が自ら単独で守るというのはなかなか難しいように思います。政府がAttribution（サイバー攻撃の実行者さらにはその背後にある組織・国家を特定する行為）を行う、あるいはサイバー攻撃に対して反撃を行うということも政府において検討されるべきです。

　また、経済安全保障に関する問題のみならず、何かあった場合に、あるいは何か起こる前に、民間企業が日本政府と適切かつ迅速に協議できるメカニズムも作っておいた方がよいのではないかと思います。

　経済安全保障やその一環であるサプライチェーンの確保という言葉を聞くと、中国市場からの撤退等を想起させ、ネガティブな印象を抱かれる方が多いと思います。しかしながら、経済安全保障を実現するために市場の喪失などのコストを支払って対応することを考えるのではなく、新しく形成されていく市場でいかに優位性を確保するかという視点で対応を考えるべきです。米国企業やインド企業よりも早く、新しい枠組みの市場に対応して優位性を確保することにより、日本企業は新たな競争においても打ち勝つことができると考えます。

　新しい市場への対応という意識を持って、政府と継続的に協力をしながら、現在の国際情勢に対応していくことが、日本企業に求められる今後の在り方であるように思います。

# 第 2 章

# 経済安全保障関連法令の全体像

## 1 経済安全保障関連法令とは

　企業を取り巻く外的環境が大きく変化している現代においては、経済安全保障上のリスクを適切に把握し対応することが求められている。そのためには、地政学ないし地経学上のリスクを認識するのみならず、諸外国でどのような法令によって経済安全保障上のリスクが生じ得るのか、日本の法令がどのように経済安全保障上のリスクに対応しているのか等各国の経済安全保障に関する法令の内容や動向を適切に調査し把握することが必須である。

　それでは、検討すべき経済安全保障に関する法令にはどのような法令が含まれるのか。「経済安全保障」について、法律上の定義は定められていないが、2020年12月16日に自由民主党政務調査会の新国際秩序創造戦略本部により提言された「「経済安全保障戦略」の策定に向けて」では、経済安全保障とは「わが国の独立と生存及び繁栄を経済面から確保すること」と定義されている。本提言では、経済安全保障戦略の重要な考え方として、「戦略的自律性」と「戦略的不可欠性」という2つの概念を提示している。

　ここでいう戦略的自律性とは、日本の国民生活及び社会経済活動の維持に不可欠な基盤を強靱化することにより、いかなる状況の下でも他国に過度に依存することなく、国民生活と正常な経済運営という日本の安全保障の目的を実現すること（平たくいえば、他国にチョークポイントを握られない（国民生活上（事

業遂行上）不可欠な物資について特定の国に過度に依存しない）ようにすること）をいうとされ、また、戦略的不可欠性とは、国際社会全体の産業構造の中で、日本の存在が国際社会にとって不可欠であるような分野を戦略的に拡大していくことにより、日本の長期的・持続的な繁栄及び国家安全保障を確保すること（平たく言えば、日本が強みを持つ分野を1つでも多く確保し、世界の中で不可欠な存在になること）をいうとされている。

　これらの考え方からすれば、経済安全保障に関する法令として検討すべき法令は、経済面での戦略的自律性、戦略的不可欠性を確保することを主要な目的とする法令であるといえる。

## 2　日本の経済安全保障法令

　日本にはこれまで、経済活動に関して外部から行われる国家及び国民の安全を害する行為を未然に防止するために一体的に経済施策を講じるための法律上の仕組みがなかった。しかし、近年の経済安全保障リスクの高まりを受け、2022年5月11日、①特定重要物資の安定供給の確保（サプライチェーンの強靱化）、②特定社会基盤役務の安定提供の確保（サイバーセキュリティ等確保のための重要設備の導入・保守時の事前審査）、③特定重要技術の開発支援、④特許出願の非公開化の4つを柱とする経済安全保障推進法が成立した。4つの柱は以下のとおり支援型と規制型の2つの制度に分類できる。

《経済安全保障推進法の４つの柱》

| 支援型・規制型の別 | 制度名 | 内　容 |
|---|---|---|
| 支援型 | 特定重要物資の安定供給の確保制度 | 輸出管理や経済制裁等によるサプライチェーンの途絶リスクに対応するための支援等の制度。 |
| 規制型 | 特定社会基盤役務の安定提供の確保制度 | サイバー攻撃等による重要インフラの役務提供途絶リスクに対応するための措置（特定重要設備の導入・維持管理等の委託の際の主務大臣への事前届出を要求）。 |
| 支援型 | 特定重要技術の開発支援制度 | 宇宙、海洋、量子、AI等の安全保障上重要な技術を迅速かつ機動的に育てるための支援制度。 |
| 規制型 | 特許出願の非公開化制度 | 特許出願された技術情報に安全保障上機微な技術が含まれていた場合における公開防止措置。 |

　また、経済安全保障推進法のほか、日本の経済安全保障は、以下のような多様な法令、ガイドライン、自主基準等によっても確保されている。特に、日本の経済安全保障において中心的な役割を担ってきたのが外為法である。外為法では輸出管理、経済制裁、投資管理について定めている。

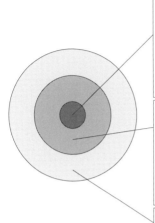

**法律・政令**
・経済安全保障推進法
・外為法
　① 対内／対外投資行為の届出制（投資管理）
　② 貨物・技術提供の事前許可制（輸出管理）
　③ 支払・貿易等の禁止（経済制裁）
・重要土地等調査法
・サイバーセキュリティ基本法
・各種業法の関連規定
・物資備蓄（石油、鉱物資源、米、医薬品）の関連法令等

**ガイドライン**
・輸出管理関連のガイドライン
・IT調達に係る国の物品等又は役務の調達方針及び調達手続に関する申合せ（2018年12月10日　関係省庁）
・研究インテグリティの確保に係る対応方針（2021年 4 月27日決定　統合イノベーション戦略推進会議）
・投資家と企業の対話ガイドライン（2021年 6 月11日改訂　金融庁）
・責任あるサプライチェーン等における人権尊重のためのガイドライン（2022年 9 月13日策定　経済産業省）等

**自主基準**
・コーポレートガバナンス・コード（東京証券取引所）等

## 3　事業局面ごとのリスク

　経済活動に関して外部から行われる国家及び国民の安全を害する行為はいろいろなパターンがあり、それに対応する日本の経済安全保障関連法令も多岐にわたっている。

　外的環境の変化が激しい経済安全保障の分野においては、経済安全保障上のリスクを絶えず調査・分析し、その発生可能性と発生した場合の影響度からリスクレベルを評価し、そのリスクレベルに応じた対応を逐次行っていくことが重要である（リスクベースアプローチ）。

　もっとも、事業における場面ごとに、問題となることが多い経済安全保障リスクや重要な法令が異なるため、経済安全保障

上のリスクを検知する際には、企業を取り巻く経済安全保障リスクを、①投資局面、②製造・販売局面、③研究開発局面、④サイバー空間の4つの場面に分けて行うと法的リスクを検討しやすい。

　①の投資局面においては、外国企業からの投資を日本国内企業が受け入れる場合、そのような投資行為により、技術漏えい等の国家安全保障上の悪影響が生じ得ることから、主として対内直接投資規制が問題となることが多い。逆に日本企業が外国企業に対して投資する場合には、当該外国における対内直接投資規制が同じように問題となるほか、日本企業が外国市場に直接参入する局面では、市場開放と引換えに技術情報を要求されたり、有事により資産が接収されたり十分な投資回収を行えなくなるリスクも考えられる。

　②の製造・販売局面においては、原材料、部品等の依存関係が利用され、輸出管理や経済制裁の強化により、サプライチェーンが断絶させられたり、製品の製造や販売に支障を来すようになったりすることで問題となることが多い。

　③の研究開発局面においては、自社の機微な技術情報の漏えいをどのように防ぐか、特に人的な管理において問題となることが多い。また、技術の優位性・不可欠性を確保するために知的財産をどのように戦略的に活用するかも重要となる。

　④のサイバー空間においては、サイバー攻撃による情報漏えいや事業の停止、ガバメントアクセスによって情報を開示させられるリスク等が問題となることが多い。

　全体像をマッピングすると次頁のとおりとなる。

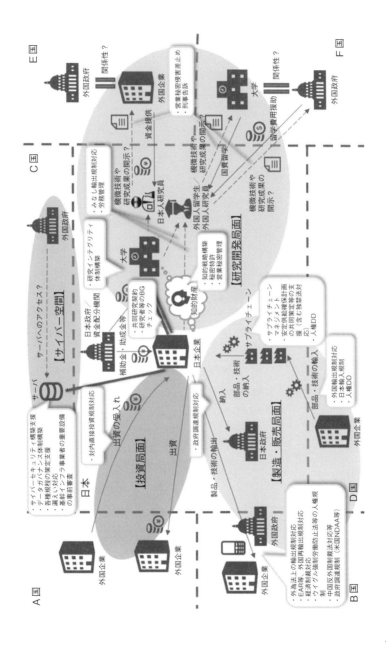

37

このように、事業における場面ごとに問題となる経済安全保障リスクや重要な法令が異なるため、以下では、それぞれの場面ごとに問題となることが多い経済安全保障上の法的リスクの検討ポイントを見ていくこととする。

# 第 3 章

# 投資局面の経済安全保障

外国からの投資行為によって会社の支配権が外国企業に移った結果、技術・データ・製品等が外国に流出してしまい、場合によっては国の安全を損なうこととなるおそれがある。これを防止するため、外国からの投資行為による国の安全保障上の懸念が生じ得る前に、政府が投資行為を把握し、事前に審査する対内直接投資規制が諸外国で一般的に採用されている。

　このような対内直接投資規制は、近時の経済安全保障の高まりに応じて、審査対象となる規制行為・規制業種の拡大や手続の厳格化が主要国における潮流となっている。米国では2018年に成立した外国投資リスク審査現代化法（FIRRMA）により、外国政府が実質的な持分を有する企業による重要技術、重要インフラ、機微な個人データに関する米国事業の実質的な持分を取得する投資、及び外国投資家による重要技術の開発、製造等に従事する米国事業を対象とする一定の投資について、対米外国投資委員会（CFIUS）への事前申告が義務付けられた。また、中国では2021年に外商投資安全審査弁法を施行し、国家安全保障の観点から外資に関する安全審査制度を強化している。

　また、補助金の条件によって投資行為が制限される場合もある。例えば、2022年 8 月に成立した米国の半導体及び科学技術法（Chips and Science Act）では、同法に基づき半導体製造・研究開発に関する補助金を受領した企業は、補助金受領後10年間は、懸念国（中国、ロシア、北朝鮮、イラン及び商務長官が国防長官、国務長官及び国家情報長官と協議の上、米国の国家安全保障又は外交政策を害する行為を行っていると決定した国）において、28ナノメートル未満の半導体又は28ナノメートル以上で

あっても、商務長官が米国の国家安全保障上重大であると決定した半導体の製造能力の実質的な拡大に関与する取引をしてはならないという規制が設けられており（いわゆるガードレール条項）、特定の外国に対する投資行為を制限する効果が生じている。

さらに、市場への参入と引換えに外国企業が技術情報の開示等の何らかの対価を要求されたり、中国の国防動員法やロシアで法律案が提出された外部管理法のように、有事において投資資産を外国政府に接収されるリスクも投資局面の法的リスクとして考えられる。

# 1　日本の対内直接投資規制

## ⑴　外為法の制度概要

日本における対内直接投資規制は、外為法に基づいて実施されている。外為法とは、対外取引の正常な発展、日本や国際社会の平和・安全の維持等を目的に対外取引の管理や調整を行う法律であり、資金の移動やモノ・サービスの移動等の対外取引を行うために必要な手続が定められている。資金の移動に関しては、主に、①資本取引、②対外直接投資規制、③対内直接投資規制等について定めており、これらの取引に必要な手続を規定している。このうち、投資局面において特に重要な規定が、③対内直接投資規制である。

外為法は、対外取引の自由を原則としつつ、a「外国投資

家」が、b「指定業種」に属する事業を営む発行会社に、c「対内直接投資等」と呼ばれる一定の類型の取引や行為を行う場合には、外国投資家に事前届出を義務付けている。

届出後の審査の結果、国の安全を損なう等のおそれがある場合に、財務大臣及び経済産業大臣等の事業所管大臣が中止の勧告等を行うことができ、無届や虚偽の届出により、国の安全を損なうおそれがある対内直接投資等を行った外国投資家に対し、必要な措置命令を行うことができる。

さらに、2020年5月の外為法改正により、一定の基準遵守を前提に、事前届出の免除制度が導入されている。

安全保障上のリスクの高まりを背景に、近時、外為法の改正が行われており、特にb指定業種とc対内直接投資等の規制範囲が拡大している。一方で、国の安全等を損なうおそれのない対内直接投資を一層促進する観点から、取得時の事前届出免除制度を導入することにより、事前届出件数が極端に増大することがないようにする措置が採られている。

## (2) 事前届出の要件

### a 外国投資家（外為法26条1項）

「外国投資家」とは、①非居住者である個人、②外国法令に基づいて設立された法人や外国に主たる事務所を有する法人等、③非居住者である個人又は外国法人等により直接又は間接に保有される議決権が50％以上の会社、④非居住者である個人が役員の過半数を占める日本法人、⑤投資事業有限責任組合（任意組合等を含む）で、外国法人等が出資の50％以上又は業務

執行組合員の過半数を占めるものをいう。

### b 指定業種

「指定業種」には、国の安全、公の秩序、公衆の安全、経済の円滑運営に支障を来すおそれがある以下の業種が含まれる。

| 業種の関連分野 | 主な内容 |
|---|---|
| 「国の安全」 | 武器、航空機、原子力、宇宙関連、軍事転用の蓋然性が高い汎用品の製造業、サイバーセキュリティ関連、感染症に対する医薬品製造業、高度管理医療機器製造業、重要鉱物資源に関する金属鉱業等、特定離島港湾施設等の整備を行う建設業又は土木建築サービス業 |
| 「公の秩序」 | 電気業、ガス業、熱供給業、通信事業、水道業、鉄道業、旅客運送業 |
| 「公衆の安全」 | 生物学的製剤製造業（ワクチン製造業）、警備業 |
| 「経済の円滑運営」 | 農林水産業、石油業、皮革・皮革製品製造業、航空運輸業、海運業 |

指定業種の該当性の判断に当たっては、定款上の事業目的の記載だけでなく、投資先が実際に行っている事業も考慮され、また直接の投資先だけでなく、その子会社、孫会社、曽孫会社など支配下にある全ての会社の事業が対象として判断される。

### c 対内直接投資、特定取得

「対内直接投資等」とは以下の①〜⑭をいう（太字は2019年改正部分）。

特に、外国人投資家による国内上場企業への出資規制が強化されており、国への事前届出の基準となる出資比率を「10％以上」から「1％以上」に変更して規制を厳格化している。

① 上場会社の株式又は議決権の取得で、出資比率又は議決権

比率が１％以上となるもの

（出資比率及び議決権比率には、密接関係者が所有するもの等を含む）

② 株主総会において下記に係る議案に同意すること

・会社の事業目的の実質的な変更（上場会社の場合、同意をする者等が保有する議決権比率が３分の１以上である場合のみ該当）

・**当該外国投資家又はその関係者の、取締役又は監査役への選任**（上場会社の場合、同意をする者等が保有する議決権比率が１％以上である場合のみ該当）

・**事業の譲渡、合併、分割、子会社株式の譲渡、解散等**（上場会社の場合、同意をする者等が保有する議決権比率が１％以上である場合のみ該当）

③ 居住者である法人からの事業の譲受け、吸収分割及び合併による事業の承継

④ 非上場会社の株式の取得

⑤ 以前居住者であった非居住者による、非上場会社の株式の譲渡

⑥ 銀行業等一定の事業の場合について、日本における支店等の設置等

⑦ 一定金額を超える金銭の貸付け

⑧ 一定の私募債の取得

⑨ 特別の法律に基づいて設立された法人（日本銀行など）の発行する出資証券の取得

⑩ 上場会社の株式への一任運用で、出資比率（実質株式ベー

ス）又は議決権比率（実質保有等議決権ベース）が１％以上
となるもの

⑪　会社の議決権の代理行使の受任

⑫　上場会社の議決権行使等権限の取得で、議決権比率（実質
保有等議決権ベース）が１％以上となるもの

⑬　以前居住者であった非居住者による、非上場会社の議決権
の代理行使の委任

⑭　上場会社の実質保有等議決権を共同で行使することに関し
て、他の非居住者から同意を得ること

### d　事前届出免除

指定業種に該当する場合であっても、上場会社への投資であ
れば、免除基準を遵守することで事前届出の義務が免除され
る[1]。免除基準は、外国投資家自ら又はその密接関係者の役員就
任等の事項を禁止する遵守基準と、コア業種に係る重要意思決
定を行う委員会への不参加等が求められる上乗せ基準から成り
立っている。

| | |
|---|---|
| 遵守基準 | 外国投資家自ら又はその密接関係者の役員就任の禁止 |
| | 指定業種に属する事業の譲渡・廃止を株主総会に自ら提案の禁止 |
| | 指定業種に属する事業に係る非公開の技術情報へのアクセスの禁止 |
| 上乗せ基準 | コア業種に係る取締役会又は重要意思決定を行う委員会への不参加 |
| | コア業種に係る取締役会等に対して期限を付して回答 |

---

[1]　非上場会社は、遵守基準と上乗せ基準をクリアできるか否かにかかわらず、免除不可となる。

　もっとも、対象会社が営む事業が指定業種のうちコア業種に該当する場合には、原則として事前届出が免除されないため、対象会社が指定業種を営んでいるかという観点に加えて、コア業種を営んでいるかという観点も重要となる。

　事前届出免除制度では、事前届出対象業種のうち、国の安全等に係る対内直接投資等に該当するおそれが大きいものに係る業種をコア業種として告示で指定しており、コア業種については、上乗せ基準等により厳しい扱いが求められる。

　2020年5月の改正では、武器、航空機、宇宙、原子力、軍事転用可能な汎用品の製造業の全分野と、サイバーセキュリティ関連、電力業、ガス業、通信業、上水道業、鉄道業、石油業のうち一部の分野を「コア業種」と位置付け、重点的に審査することとなった。

　2023年4月24日には、塩化カリウムなどの肥料、工作機械・産業用ロボット、蓄電池、金属鉱産物、金属3Dプリンター、永久磁石、半導体製造装置、天然ガス及び船舶部品の9物資について、これらが経済安全保障推進法上の「特定重要物資」に指定されたことに伴い、サプライチェーンの保全、技術流出・軍事転用リスクへの対処等の観点から事前届出対象となる「コア業種」に追加されたことにも留意されたい。今後も経済安全保障推進法等の動きと連動した業種の追加が行われると考えられる[2]。

## ⑶ 具体的な手続

　以上のとおり、近年の改正により対内直接投資規制が厳格化している。当局による審査もこれまでより厳格になっており、この傾向は今後も続くものと考えられる。届出を行う際には、提出のおおむね 1 か月ほど前から一般的には以下のような準備を行うこととなる。

　まず、指定業種該当性について不明確な点等があれば、事前に経済産業省に照会などをすることにより、該当性を明確化することとなる。また、届出義務のある投資家側では、必要となる情報の収集をすることとなるが、投資家が届出を行う際に必要な情報のうち、指定業種該当性の事実、議決権総数、外資比率、事前届出事由に該当する理由、事前届出業種に該当する連結子会社等があるときは当該連結子会社等に関する情報は、対象会社側に存在することから、手続を迅速に進めるためには、売主・対象会社側としても、投資家側への協力が不可欠である。

　投資家は、日本銀行を窓口として届出書を提出することになるが、その後の実際の審査は、財務省に加えて、業種によって審査に関与する省庁が決まることとなる。審査基準は、おおむね、①国の安全の確保、②公の秩序の維持、③公衆の安全の保護、④日本経済の円滑な運営という観点で審査され、技術基盤の維持への悪影響、技術流出の可能性、平時及び有事における

---

**2**　財務省等「サプライチェーン保全等のためのコア業種の追加に関する外国為替及び外国貿易法関連告示の改正について」（令和 5 年 4 月24日）

安定的な供給等に対する影響、対象会社に対して与える支配の程度、外為法等の遵守状況等が審査されることとなる。

審査期間は原則として30日であるため、例えば提出後1週間経過後に質問を受領した場合には、残り3週間以内に回答を提出する必要がある。期間内に回答できないことが見込まれる場合、届出を一度取り下げて、質問に回答し、再度届出を行うということも考えられる。

具体的に官庁から想定される質問としては、投資家の属性、これまで及び今後の対象会社の事業運営・機密情報等への関与等のほか、投資の目的に関して、より詳細に聞かれるとともに役員派遣の有無などが考えられる。更に投資家側、対象会社側のそれぞれの上位株主10社などを聞かれることも多い。

対象会社側に関する質問がなされることもあり、その際には例えば対象会社の製品の販売先など、対象会社の事業面について質問されることがある。対象会社の事業に関する質問についても、提出義務者である投資家側（の提出代理人）に対して行われるため、投資家側から対象会社に確認しなければならず質問の回答に時間を要する場合もある。

また、投資家側から対象会社に確認した際、対象会社から機密管理上の理由で一切回答できないという回答があった場合には、官庁への回答方法を工夫する必要がある。例えば、対米外国投資委員会（CFIUS）の届出実務を参考に（CFIUSの説明については後記2を参照）、対象会社が直接回答するというアレンジを行い、対象会社からの回答を促すことも考えられる。さらに、対象会社側としても、受領した質問において投資家側に共

有できない機密情報などがあれば、自ら機密を守りつつ官庁の質問に対応できるよう投資家に調整を求める必要がある。

なお、発行会社と投資家に関する質問の割合は、事案にもよるが一般的には同数程度である。審査の結果、中止勧告に至らない場合であっても、取引に対して何らかの誓約事項が付くということも考えられる[3]。また、審査の結果、不許可となる場合も想定される。これまで不許可となったことが公表されている事例は、1例しかないものの、審査の過程で問題を指摘された結果、届出自体を取り下げてしまうために、中止勧告にまでは至らないという事例が水面下では相当数あるように思われる。

## ⑷　重要土地等調査法

外国からの国内の土地への投資規制について、日本では、2021年6月16日に成立した重要土地等調査法[4]で規制されている。

重要土地等調査法は、重要施設（防衛関係施設、海上保安庁の施設、生活関連施設に大別される）及び国境離島等（領海基線を

---

**3**　届出書に追記して投資家側が誓約する事項として次のようなものが求められる可能性がある。
　⑴　外国政府等の経営への影響排除
　⑵　秘密技術やその他秘密情報の取得等の禁止（自ら又は派遣取締役をして対象会社の秘密技術関連情報を取得せず又はこれを自己又は第三者に開示するよう提案しないこと等）
　⑶　技術の軍隊及び軍隊関連機関での使用禁止
　⑷　対象会社への通知（対象会社に対して本誓約事項を通知すること）
　⑸　事前相談等（本遵守事項の解釈に迷う場合、担当官庁に相談すること）
　⑹　担当官庁への協力（本誓約事項の遵守状況等について担当官庁から求められた場合には、合理的な範囲内で報告等の適切な協力を行うこと）
**4**　重要施設周辺及び国境離島等における土地等の利用状況の調査及び利用の規制等に関する法律（令和3年法律第84号）

有する離島、有人国境離島地域離島に大別される）の機能を阻害する土地等（土地及び建物をいう）の利用を防止することを目的として、そのような施設や土地等の利用状況の調査及び利用の規制等に関して定める法律である。

　内閣総理大臣は、重要施設の敷地の周囲おおむね1,000メートルの区域内及び国境離島等の区域内の区域で、その区域内にある土地等が当該重要施設の施設機能又は当該国境離島等の離島機能を阻害する行為の用に供されることを特に防止する必要があるもののいずれにも該当する区域を「注視区域」として指定することができる。内閣総理大臣は、注視区域内にある土地等の利用の状況について調査を行うことができるほか、注視区域内にある土地等の利用者が当該土地等を重要施設又は国境離島等の機能を阻害する行為の用に供し、又は供する明らかなおそれがあると認めるときは、当該利用者に対し、当該土地等を当該行為の用に供しないことを勧告するとともに、正当な理由なく措置を採らない場合には、措置命令を行うことができる。

　また、内閣総理大臣は、①注視区域に係る重要施設が、その施設機能が特に重要なもの又はその施設機能を阻害することが容易であるものであって、他の重要施設によるその施設機能の代替が困難である場合、②注視区域に係る国境離島等が、その離島機能が特に重要なもの又はその離島機能を阻害することが容易であるものであって、他の国境離島等によるその離島機能の代替が困難である場合のいずれかに該当する区域を、「特別注視区域」として指定することができる。特別注視区域内にある一定面積以上の土地等に関する所有権又はその取得を目的と

50

する権利の移転又は設定をする契約を締結する場合には、原則
としてその当事者があらかじめ内閣総理大臣に届け出なければ
ならない。

　以上のように、投資の対象会社が保有又は使用する不動産が
重要土地等調査法の「注視区域」と「特別注視区域」に指定さ
れている範囲内に所在している場合、同法の規制対象となるこ
とで、対象会社の事業の継続に影響が生じることも考えられる
ため、投資に当たっては、投資の対象会社の保有又は使用する
不動産が重要土地等調査法の規制対象区域の範囲内か否かとい
う点も考慮する必要がある。指定の状況は、土地等利用状況審
議会の結果として公表されており指定範囲に近い土地の場合
は、より注意したデューデリジェンスが必要となるであろう。

## 2　米国の対内直接投資規制

### ⑴　概　　説

　対米外国投資委員会（CFIUS）は、財務長官を議長に、関連
する複数の省庁により構成される組織であり、米国の国家安全
保障の観点から、米国の企業・事業・技術に対する外国投資の
審査を行っている。2018年8月に成立した「外国投資リスク審
査現代化法（FIRRMA）」では、国家安全保障のために、外国か
らの投資を審査するCFIUSの権限が強化された。

　FIRRMAの審査対象は広く、米国事業に対する外国人の直接
のみならず間接投資のうち、一定のものを審査対象としている

ため、米国子会社を保有する非米国法人（例えば日本法人）の株式を売買対象とする場合にも審査対象となることにも留意する必要がある。

## ⑵ 義務的略式申告（Mandatory Declaration）

FIRRMAは、外国政府が実質的な持分を有するものによる重要技術、重要インフラ、機微な個人データに関する米国事業の実質的な持分を取得する投資、及び外国投資家による重要技術の開発、製造等に従事する米国事業を対象とする一定の投資について、取引完了日の30日前までに、CFIUSに略式申告を行う法的義務を課している（この義務的略式申告を怠った場合は、25万ドル又は当該投資価額のうちより大きい方を上限とする民事制裁金が課され得る）。

外国投資家が米国事業に対して投資を行う場合、事前申告の対象となる業種は、重要技術（critical technology）を保有するものに限られる。具体的には、米国輸出管理上、当局から許可を取得しなければ外国に提供できない製品の製造、設計等の事業を行っている法人とされている。規制対象の機微技術には、①半導体、②量子コンピューター、③人工知能（AI）、④ロボット工学、⑤検査技術、⑥品質管理技術、⑦医薬品及び医療機器、⑧バイオテクノロジー等の分野の技術が含まれるため、個々の対象会社ごとに要件に該当するかを確認する必要がある。

## ⑶　申告・審査プロセス

　CFIUSによる審査は、取引当事者からの略式申告又は正式申告により開始されるほか、CFIUSが職権で開始することも可能である。

　略式申告は、審査期間が30日であり、速やかにCFIUSの取引に対する判断を得ることができる。30日の審査期間後、ケースバイケースのシナリオが考えられるが正式申告が必要と判断されれば、正式申告を要請されるし、逆に安全保障上の懸念がないことが明らかになれば、FIRRMAによる審査が完了したことが通知される。

　正式申告の場合は、当事者による申告が受理されてから、45日以内に審査が実施される。その後必要に応じて45日以内に調査が行われ、更に延長を要すると判断された場合には例外的に更に15日間の追加調査が行われる。ここでクリアランスが得られない場合には、当事者が取引を破棄しない限り、大統領の審査に付され、15日以内に取引の停止又は禁止を決定することができるとされている。

　なお、日本の外為法と異なり、正式申告の場合には、取引規模により30万ドルの届出料をCFIUSに支払わなければ、審査を開始してもらえないことに注意する必要がある（2020年5月1日施行）。

## 3　有事リスク、資産接収リスク

### ⑴　概　　説

　投資における最大のリスクは、戦争や事変などのいわゆる有事リスクである。有事の際には、有事が起こる当該国の現地法人の資産が接収されて莫大な対外投資が瞬く間に無に帰するリスクも投資をするときから考慮しなければならない。

　2022年 2 月24日に始まったロシアによるウクライナ侵攻では、ロシア当局が政府を批判する欧米企業などの経営者の逮捕や資産の差押えを行うと警告をしており、有事が起こった場合には、当該国の現地法人の有する資産が接収されたり、駐在員などが拘束されたりするリスクがあることが改めて認識されるに至った。

### ⑵　サハリンプロジェクトの接収リスク

　特に、資産の接収について注目されたのが日本企業も権益を有する石油・天然ガス開発プロジェクトであるサハリン 1 、サハリン 2 の資源開発権益の接収をめぐる動きである。ロシアでは、生産物分与契約法（PSA）という法律により、外国企業がロシア政府と協議して開発する区域を定めた上で、生産された原油や天然ガスの取り分を決めておく仕組みがある。この制度は、外国企業にとっては、契約であらかじめ条件を決めておくことでロシアによる一方的な条件変更を免れるメリットがあ

り、資源開発の権益を取り上げられるような接収リスクが低い
と考えられていた。そのため、サハリン 1 とサハリン 2 のプロ
ジェクトも、このPSAの下で石油や天然ガスの生産が行われて
きた。

　しかし、ロシア・ウクライナ戦争に対して欧米諸国などによ
る経済制裁が強化される中、ロシアではPSAの契約で守られて
いる外国企業がロシアの地下資源を安く調達し、利益を上げて
いるとして不満の声が上がっていた。

　このような不満を背景に、2022年 6 月28日、原油や天然ガス
などの地下資源の利用ライセンス制度などのルールを定めた地
下資源法が改正され、地下資源の利用ライセンスを与える対象
をロシア法人に限定し、既に資源開発をしている外国企業は、
90日以内にロシア法人を設立した上で、改めて利用ライセンス
発行の申請をする必要があることが定められた。この改正によ
り、PSAと地下資源法との間で矛盾が生じることになったが、
ロシアでは互いに矛盾する法律がある場合に、その矛盾を是正
するべく示された大統領令が法改正と同じ効力を持つという憲
法裁判所の判例があるため、この矛盾を是正するために、2022
年 6 月30日、プーチン大統領は、PSAで外国法人での活動が認
められていた石油・天然ガス開発プロジェクトサハリン 2 につ
いて、改正された地下資源法と同様に、運営主体を新たに設立
されるロシア法人に移管するよう命じる大統領令を出した。

　これにより、サハリン 2 の運営主体であったサハリン・エナ
ジーの旧株主は、サハリン・エナジーの権利と義務を承継する
新会社が設立されてから 1 か月以内に、ロシア政府に対して今

の出資割合で新会社の株式を取得することに合意する通知書を出すか否かの判断を迫られ、2022年8月2日には、サハリン2の運営を新たに担う会社として、サハリンスカヤ・エネルギヤの設立を定めた政令が署名され、新会社がサハリン州ユジノサハリンスクに設立された。

その後、2022年9月に、日本の株主の新会社への出資が承認され、日本の電力やガス会社がサハリン2からの調達を継続する契約を新会社との間で締結した。

ロシア政府による事業介入のリスクは、一般的に見て引き続き注視すべきものと考えられる。

### ⑶　撤退時の投資回収リスク

有事の際には、経済制裁の強化やサプライチェーンの混乱により事業上重要な物資の供給が途絶して事業の正常な稼働を行うことができず、企業の資金繰りが悪化した結果、撤退を迫られることも想定される。撤退に当たり資産を接収されたり、著しく低い価格による株式の譲渡を要求されたりすることにより正当な投資回収ができなくなるリスクも想定する必要がある。

ロシアによるウクライナ侵攻では、日本の自動車メーカーにおいても、サプライチェーンの混乱で部品調達に支障が生じ、事業継続は困難と判断してロシア工場での生産から撤退した事例、ロシア子会社を著しく低い価格で売却し撤退した事例、工場設備を破棄した事例が見られた。

このような外資の撤退の動きに対して、ロシアでは、2022年4月12日、外資の事業規模の縮小や撤退を制限し得る外部管理

法の法案がロシア連邦議会の下院に提出された。外部管理法の法案では、非友好的な行為を行う外国と関係する者に直接又は間接的に25％以上の株式を保有され、一定の重大な活動を行っているロシア企業が、一定の外部管理事由に該当する場合に、裁判所の任命により外部管財を行うことができ、当該組織の株式の全部又は一部の信託管理や当該組織の指導権限を移転させることができると規定されている。資産の接収を直接的な目的としている法案ではないが、適用要件が曖昧であるため、成立した場合は外資の事業規模の縮小や撤退に際して、これを制限するために活用され、外資企業の投資回収が困難となるリスクが懸念されている。

## ⑷　日露投資協定による対応

　以上のように、ロシアは、非友好国への対抗措置として資源開発の権益や撤退する外資の資産に対して接収を行うなど様々な動きを見せている。このような動きに対して、ロシア国内の裁判所でロシアの法令に基づいて損害賠償請求を行っても、公平な判断を得ることはあまり期待できず、裁判手続を通じて権利を守ることのできる見込みは薄いと言える。

　そこで日本とロシアの間で、2000年５月27日に発効した日露投資協定を活用することが考えられる。日露投資協定では、投資財産の保護や投資仲裁の仕組みについての定めが置かれており、動産・不動産に関する権利、株式・その他の形態の会社の持分、金銭債権、知的財産権、天然資源の採掘権などが投資財産として保護されるとされている。

具体的には、日露投資協定において投資財産及び収益に関し、「公共のため、かつ、正当な法の手続に従ってとられるものであり、差別的なものでなく、また、迅速、適当かつ実効的な補償を伴うものである場合を除き、収用若しくは国有化又はこれらと同等の効果を有するその他の措置の対象としてはならない」との規定がある。資源開発の権益や撤退する外資の資産に対する接収はこの規定に違反すると考えられる。

　日露投資協定に違反し友好的な交渉で解決されない場合には、投資家（自然人や会社）の要請に基づき、投資仲裁に付託されることになるが、仲裁の結果、日本側の主張が認められる仲裁判断がなされた後、ロシアが損害賠償金を自ら支払わない場合は、仲裁判断を強制的に執行する手続を開始することになる。この場合、ロシア国内の資産に対する強制執行を、ロシアの裁判所に申し立てたとしても執行が認められない可能性があるため、ロシア以外の国の資産に対する強制執行を、その国の裁判所に対して申し立てることが考えられる。

　このように、ロシアによるウクライナ侵攻は、有事の際には、現地法人の資産や権益が接収され、投資回収が極めて困難となり、莫大な対外投資が瞬く間に無価値となり得るものであり、日本企業においてもこのリスクを現実的な問題として考えなければならないことを認識させるものであった。

# 第 4 章

# 製造・販売局面の経済安全保障

製造・販売局面においては、原材料や部品の供給が途絶し、事業活動に深刻な影響を受けることを未然に防止するため、サプライチェーンの脆弱性について把握することが最も重要である。サプライチェーンが途絶する典型的なリスクが、輸出管理や経済制裁の強化である。なぜなら、輸出管理によって規制品目に該当する貨物、技術、サービスの輸出に当局の許可等が必要となり、または経済制裁によって制裁対象者との取引が制限されることで、原材料や部品の調達が困難となる可能性があるからである。

　近時、主要国において、輸出管理や経済制裁を強化する動きが見られているが、このような外部から行われる行為により、サプライチェーンが途絶し国家及び国民の安全を損なう事態を平時から未然に防止するため、各国においてサプライチェーンの強靭化政策が進められている。

　本章では、サプライチェーンの脆弱性の原因ともなり得る輸出管理法令や経済制裁・対抗措置法令について説明し、この対応策として経済安全保障推進法で導入されたサプライチェーンの強靭化制度について説明する。

# 1　安全保障輸出管理と経済制裁

## ⑴　安全保障輸出管理とは

　日本を含む主要国では、国際的な平和と安全の維持の観点から、武器や軍事転用可能な貨物・技術が、大量破壊兵器等の開

発、製造、使用、貯蔵を行っている国家やテロリスト等の手に渡ることのないよう、国際条約やワッセナー・アレンジメント等の国際的輸出管理の枠組み（国際輸出管理レジーム）を組織し、各国の国内法に基づいて安全保障上機微な貨物・技術のリスト該当性を確認すること、取引の最終需要者・最終用途を確認することの両面から、安全保障の観点による輸出管理を実施している。

日本においては、外為法及びその下位法令に基づいてこのような安全保障輸出管理が実施されている。安全保障輸出管理の規制は大きく分けて、リスト規制とキャッチオール規制の 2 つに分かれる。

リスト規制では、経済産業省が国際輸出管理レジームの合意に基づいて、武器並びに大量破壊兵器等及び通常兵器の開発等に用いられるおそれの高いものを規制対象としてリスト化し公表しており、そのリストに該当する貨物の輸出や技術の提供を行う場合、事前に経済産業大臣の許可が必要とされている。

一方、キャッチオール規制では、リスト規制品目以外の食料や木材等を除く全ての貨物、技術について、仕向国、最終需要者や最終用途の内容に応じて、大量破壊兵器等の開発、製造、使用又は貯蔵若しくは通常兵器の開発、製造又は使用に用いられるおそれがある場合には、事前に経済産業大臣の許可が必要とされている（輸出貿易管理令の別表第 1 第16項、外国為替令の別表第16項）。キャッチオール規制の実効性を向上させるための情報を提供することを目的として、経済産業省が、大量破壊兵器等の開発、製造、使用又は貯蔵への関与が懸念される企

業・組織を掲載する外国ユーザーリストを公表している。外国ユーザーリスト掲載企業・組織向けの輸出は、直ちに禁止されるものではないが、用途や取引の態様・条件等から判断して、大量破壊兵器等の開発、製造、使用又は貯蔵に用いられないことが「明らかな」場合を除き、経済産業大臣の許可が必要となる。

　リスト規制又はキャッチオール規制に該当する場合であっても、「公知の技術」や「基礎科学分野の研究活動」などの例外要件を別途検討すれば、経済産業大臣の許可が不要となる余地があるが、実務上は例外要件の判断は慎重に行う必要がある。

　外為法上の規制に違反して、無許可で輸出又は提供することは、刑事罰や行政制裁の対象となる。大量破壊兵器関連の無許可輸出の場合には、法人が10億円又は輸出価格の5倍のうち高い方以下の罰金に科され、個人も懲役刑（10年以下）と罰金（3,000万円又は輸出価格の5倍のうち高い方以下、懲役との併科可）の対象となるため、違反の責任は重いといえる。

　また、無許可で技術の提供又は貨物の輸出が行われた場合、経済産業省から報告書や再発防止に重点を置いた経緯書（原則非公表）の提出を指示されることのみで終了する場合もあるが、行政制裁として、経済産業省のウェブサイトに違反例の1つとして公表されたり、3年以内の期間で一切の技術の提供、貨物の輸出を禁ずる処分を受けたりする可能性がある。これらの措置は、事案の重大性のほか、違反行為の自主申告の有無、再犯防止措置の内容などを総合考慮して決定される。近年の安全保障輸出管理への関心の高まりから、違反時には、組織のレピュ

テーションへの影響が生じ得ることにも注意が必要である。

## (2)　経済制裁とは

　「経済制裁」とは、外交、安全保障上の目的を実現するために他国に科す経済的な強硬手段と定義されることがある。経済制裁は、国連を通じて統一的に決定されることが一般的であり、国連の安全保障理事会は、非軍事的強制措置として特定の国に対する禁止措置等の包括制裁や特定の個人・団体に対する資産凍結等の経済制裁を決議し、各国は安保理決議に基づき制裁措置を実施することが求められている。

　日本でも外為法に基づき、金融制裁措置や貿易制裁措置を含む経済制裁措置を実施している。主務大臣（財務大臣及び経済産業大臣）は、①「国際約束を誠実に履行するため必要があると認めるとき」、②「国際平和のための国際的な努力に我が国として寄与するため特に必要があると認めるとき」又は③「我が国の平和及び安全の維持のため特に必要があるとして対応措置を講ずべき旨の閣議決定が行われたとき」に、所要の経済制裁措置を発動することができる。

## (3)　近時の傾向

　安全保障輸出管理や経済制裁は従来から存在している制度ではあるが、近時、米中対立が激化するにつれて、国際輸出管理レジームの合意や国連の安保理決議に基づく制裁措置を超えた独自の輸出管理や経済制裁措置を米国が積極的に実施するようになっており、これに対応するように中国でも独自の措置を採

ることが多くなってきている。

　法令は、国際協調や属地主義の観点から、域内での適用に限定されることが通常であるが、近時の米中の法令は域外にも適用を拡大する規定が多く見られ、サプライチェーンの途絶リスクが生じる要因ともなっている。

## 2　覇権争いの下での米中の輸出管理・経済制裁法令

### ⑴　米国の輸出管理法令

　米国は、規制対象の広さ、域外適用の存在、罰則の重さにおいて、輸出管理を最も厳格に運用している国であるといえる。特に、近時は規制を大幅に強化しており日本企業にも大きな影響があるため留意する必要がある。

　米国の輸出管理は軍需品、核関連については別の法令により規制しているが、軍需品にも民生品にも利用することができる両用品目の輸出管理については、2018年8月13日に施行された国防権限法2019に盛り込まれる形で成立した輸出管理改革法（ECRA）及び輸出管理規則（EAR）により規制している。

#### a　エンティティリスト

　近時、数多くの中国企業が米国のエンティティリストに掲載され輸出管理が強化されている。「エンティティリスト」は、米国の国家安全保障政策又は外交政策に反する者として米国商務省産業安全保障局（BIS）が指定する懸念対象者リストである。エンティティリストで指定された範囲内で、EAR規制対象

品目（物品、ソフトウェア及び技術を意味する）のエンティティリスト掲載者への輸出、再輸出又は国内移転にBISの輸出許可が求められる。エンティティリスト掲載者の多くの場合において、原則として不許可とする旨があらかじめ示されている。

　事前許可の対象となるエンティティリスト掲載者に対する輸出、再輸出、又は国内移転には、エンティティリスト掲載者が最終需要者、仲介業者等、何らかの形で取引に関与していること又はその高度の蓋然性を認識しつつ（意図的に事実確認を怠ることも含む）、別の直接の取引相手に対して輸出、再輸出、又は国内移転する場合も含まれるため、取引が制限される可能性がある。

### b　再輸出規制

　米国の輸出管理法令の事業者に対する影響が大きい理由は、再輸出にも輸出許可が要求される点にあるといえる。「再輸出」は、米国が定めたリスト上の貨物、技術・ソフトウェアを米国以外の国で米国以外の国の者へ移転・提供することを意味する。これには米国からの輸出時に許可の対象となった貨物、技術・ソフトウェアそのものの移転・提供に限らず、外国で米国原産の貨物・技術を組み込んで作られた貨物、技術・ソフトウェアの移転・提供も含まれる。

　しかし、再輸出の制約があることを理由に米国からの輸入を敬遠されてしまうおそれがあるため、米国の再輸出規制では、デミニミスルール（De Minimis Rule）という閾値が設定されており、組み込まれている米国原産品目と外国製製品の総価格の比率が一定の基準以下の場合（テロ支援国、米国独自の禁輸国

以外への再輸出は25％）にはEARの規制対象とならない。

### c　罰　　則

仮に米国の輸出許可を得ずに輸出、再輸出、国内移転を行った場合には、米国の行政処分及び刑事罰の対象となる。違反の程度が重大であるとされた場合には、BISの公表する違反者リストであるDenied Persons Listに掲載されることもある。その場合、掲載された企業のみならず、他の者が当該掲載企業と取引をすることが禁止されるため、事実上の影響力は大きいといえる。

したがって、日本から輸出・提供される貨物・技術についても、日本の輸出管理規制への適合性を判断するだけでなく、米国由来のものが含まれている可能性を確認しておくことも忘れてはならない。

### d　対中半導体輸出規制の強化

米国が輸出管理を近時最も強化しているのが、中国向けの半導体である。中国は半導体の多くを輸入に頼っており、特に半導体を用いて製造される集積回路は、2020年の輸入額において全体の17.1％を占める最大の輸入品目になっている。これは、輸入額第2位の石油及び原油の2倍の規模となっており、半導体は中国にとってアキレス腱となっているといえる。

2019年にBISは、中国のファーウェイ及びその関連企業等多くの中国企業をエンティティリストに追加した。しかし、再輸出規制のデミニミスルールにより、ファーウェイ向けの半導体供給を規制できなかったことから、2020年5月、8月にBISは、EAR規制対象品目の米国の技術・ソフトウェアを用いて製造さ

れた直接製品又はそれらを用いて米国外の工場又は本質的な装置で製造された直接製品がエンティティリストで指定された主体に渡ることを認知している場合にもBISの許可を必要とした（これを「直接製品規制」という）。

　この規制により、ファーウェイの半導体設計子会社、ハイシリコンは、半導体受託製造の世界市場において50％以上のシェアを有する台湾のTSMCにハイエンドの半導体の製造を委託していたことにも影響を生じることになった。すなわち、半導体産業では、米国製の設計ソフトウェアや製造装置が半導体の製造に当たって不可欠な存在であるところ、TSMCも米国製の設計ソフトウェアや製造装置を用いて半導体を製造していたため、直接製品規制によりTSMCからファーウェイへの半導体供給が困難となり、中国の半導体の供給網に大きな影響が生じる結果となった。

　さらに、2022年10月７日、BISは中国を念頭に以下のように半導体の輸出規制を大幅に強化した。

① スパコン関連、半導体製造関連の最終用途規制を新設

② 先端半導体、それらを含むコンピューター関連の汎用品の規制品目リストへの追加

③ 先端コンピューティングとスパコンに関する「直接製品規制」を追加するとともに、先進コンピューティング・スパコン関連の28企業向けの直接製品規制を追加

④ 一定の半導体製造装置及び関連製品の開発又は生産のための製品輸出に関する米国当局への許可申請プロセスの規則導入

⑤　サプライチェーン上の影響を最小化するため、一部の中国外での使用を目的とした活動等に関する許可制度の導入（暫定包括許可：TGL）

　中国における半導体製造を最終用途とする半導体製造に必要な装置や原材料等の輸出について、米国政府の許可を幅広く課するものも含まれており、対中措置としてはこれまでで最も網羅的であり、影響が大きいといわれている。

### e　WTOの提訴

　2022年12月12日、中国商務省は、これら米国の対中輸出規制強化に対して、WTOに提訴したことを明らかにした。声明文の中で中国商務省は、「WTOの枠組みの中で、我々の懸念に対処し、我々の正当な利益を守るために必要な手段として法的措置を採る」と説明し、米国の規制は「世界の産業サプライチェーンの安定を脅かした」とも指摘した。

　この声明に対して、米国通商代表部（USTR）からは、中国からの協議要請を受けたことを認め、「これらの的を絞った行動は国家安全保障に関連しており、WTOは国家安全保障に関連する問題を議論するのに適切な場ではない」とする声明を出している。

### ⑵　米国の経済制裁法令

　米国の経済制裁は、主に、国際緊急経済権限法（IEEPA）という法律に基づいて行われる。特に注意を要するのがOFAC規制である。OFAC規制は、様々な国・目的による多数の制裁プログラムから構成されており、SDNリスト（Specially Desig-

nated Nationals And Blocked Persons List）に掲載された者
（これらの者が50％以上の持分を有する法人等の組織を含む）は、
米国内にある又は米国の支配下にある資産が凍結され、米国へ
の入国が禁止され、これらの者が保有する資産について、US
Personとの取引が禁止される。

　US Personとは、米国籍又は米国永住権を有する個人（米国
外在住者を含む）、米国内の法令に基づいて設立された法人・団
体、米国内の外国法人の支店・営業所・駐在員事務所、並びに
米国に居住・訪問している個人（国籍を問わない）をいう。

　US Personでない者（以下「Non-US Person」という）であっ
ても、SDNリストに掲載された者との間で、制裁プログラム
により禁止される特定の重大な取引を行った場合には、当該
Non-US Person自身がSDNリストに掲載されることによっ
て、米国市場へのアクセスが禁止される可能性がある（二次的
制裁）。

　このように、Non-US Person であっても、SDNリストに掲
載された者との取引が制限され得るため、取引の相手方が
SDNリストに掲載されていないか注意する必要がある。

### ⑶　中国によるレアアース規制の懸念

　米国の輸出管理の強化の動きに対応して、中国においても輸
出管理法令が整備されてきており、特にレアアースの輸出管理
の強化が懸念されている。

　レアアースは、永久磁石、光磁気ディスク、蛍光灯、レー
ザー、排ガス浄化の触媒、液晶パネルの研磨剤、デジタルカメ

ラのレンズ等に不可欠な素材であり、通信システム、ドローン、ミサイル誘導制御システム、F35戦闘機のステルス塗料にも利用されている。世界の生産量の70％を中国が占め、中国のレアアースの埋蔵量と生産量は世界最大であり、加工製錬技術も既に世界トップレベルに達しているといわれている。2019年には中国のレアアース輸出のうち日本が36％、米国が33％を占めた。このことから、中国のアキレス腱が半導体であるとすれば、レアアースが米国や日本のアキレス腱となっており、経済安全保障上最も重要な戦略物資の1つであることがうかがえる。特に今後自動車の電動化が進む中で、永久磁石用途のレアアースの世界需要は増加すると見込まれており、需要増加による国際相場の高騰や、主要国間でレアアースの争奪戦の激化により、日本が電動自動車を製造するために必要なレアアースを調達できなくなることが懸念される。

### ⑷　中国の輸出管理法令

　中国では2020年12月1日、安全保障の観点から輸出管理を規定する基本的な法律として「輸出管理法」が施行されており、管理品目に品目関連の技術情報等データが含まれることや再輸出規制が定められている。

　米国の再輸出規制では、前述のとおりデミニミスルールの閾値が設定されているのに対して、中国の輸出管理法では、再輸出の定義やこのような閾値や要件について定めが置かれていないため、下位法令による明確化が待たれるところである。なお、2022年4月22日に、輸出管理法の下位法令として公表され

意見募集手続に付された「両用品目輸出管理条例（意見募集稿）」においては、再輸出規制の内容を明確化する規定は置かれていない。このため、中国でレアアースが輸出管理の対象となり、レアアース等の中国の原産品を一定割合以上使っている製品に再輸出規制が掛かった場合、レアアースを用いて製造したモーター等を別の国に輸出することができなくなる可能性が懸念される。

　2021年1月15日には、レアアースの管理に関する統一的な法令として、「レアアース管理条例（意見募集稿）」が公表され、意見募集手続に付された。適用対象は、中国国内でレアアースの採掘、製錬、流通等の活動に従事する場合とされているが、レアアース製品の輸出入企業は、対外貿易、輸出管理等の法律法規を遵守しなければならないと規定している。レアアースの採掘・精製の総量指標管理、レアアース製品のトレーサビリティ情報システムの構築、レアアース資源地とレアアース製品の戦略的備蓄を行うこと等が規定されている。

　このように、中国は輸出管理法の整備やレアアースの規制強化の動きを見せているが、過去に実際にレアアース等に関して輸出管理規制（輸出数量の制限、輸出関税の賦課）を強化したことがある。この際は2012年3月13日に、日本、米国、EUによりWTO協定に基づく協議を要請されたものの協議では解決に至らず、WTOの紛争処理委員会（パネル）において2年にわたる審理の末、中国の輸出規制がWTO協定に違反するとして是正措置の勧告がなされた。

　中国はこの判断を不服として、WTO上級委員会への申立て

を行ったが、上級委員会は、2014年8月7日に報告書を公表し、パネル報告書を支持しWTO協定違反が確定した。これを受けて、中国は、2015年にレアアース等の輸出割当を解除し、レアアース等に関する輸出関税も撤廃している。

米国は、中国のアキレス腱である半導体を中心に輸出管理を強化してきたが、EVシフトが進み、レアアースの重要性が更に高まる中で、米国の輸出管理に対する牽制カードとして、中国においてレアアースの輸出管理が強化される懸念がある。

この場合、再びWTOの紛争処理の枠組みで解決することも考えられるが、WTOの紛争解決制度は、米国が委員の選任を拒否したことにより、2019年以降、WTOの上級委員会が開催できない状況が続いており、WTOによる紛争解決の実効性に懸念が持たれているといえる。

### ⑸　中国の対抗措置法令

米国の輸出管理の強化や経済制裁に対応し、中国では対抗措置法令が整備されている。特に厳しい規定を置いているのが、2021年6月10日から施行されている反外国制裁法である。

反外国制裁法3条では、対抗措置について「外国国家が国際法と国際関係の基本準則に違反し、各種の口実やその本国の法律に依拠して中国に対して抑制、抑圧を行い、中国の公民、組織に対して差別的措置を講じ、中国の内政に干渉した場合、中国は相応の対抗措置を採る権利を有する」と規定している。

そして、この差別的措置の制定、決定、実施に直接又は間接的に関与した個人、組織は、対抗措置リストに追加される可能

性がある。この対抗措置リストに加えられた個人、組織のみならず、その配偶者や直系親族、組織の高級管理職・実質支配者、個人が実質的に支配、運営に関与する組織も対抗措置の対象とされている。

　対抗措置リストに掲載された場合、中国への入国制限、中国国内の資産凍結、中国との取引制限等の対抗措置が採られる可能性がある。なお、対抗措置リスト及び対抗措置に関する決定は、最終決定であり、不服審査や行政訴訟を提起することができないことに留意が必要である。また、差別的規制措置を実行又は実行に協力し、中国の個人や会社の合法的な権益を侵害した場合には、裁判所での差止めや損害賠償請求をされる可能性がある。

　反外国制裁法は、2021年6月10日の施行以来、公表されている対抗措置の事例はいずれも政治的な干渉に対して中国による対抗措置が採られたという事例であり、制裁対象者のほとんどが政府の高官や軍事企業となっている。そのため純粋な民間企業が対抗措置の対象となる可能性は現時点では高くないと考えられるが、今後の政治情勢によっては民間企業への対抗措置の事例が出てくる可能性も否定できないため今後の動向を注視する必要がある。

### ⑹　域外適用による板挟み

　米国と中国が互いに輸出管理法令や経済制裁・対抗措置法令を強化する中、域外適用のあるこれらの法律の間で、その他の国にジレンマが生じる状況が発生してきている。例えば、日本

企業が米国の対中輸出管理規制や経済制裁を遵守する場合には中国企業との取引を中止しなければならないが、これが「差別的措置」に「間接的に関与」したと判断され、中国の反外国制裁法に違反する可能性があり、対抗措置リストに掲載されたり、損害賠償を請求されたりするリスクが生じ得る。中国やEUではこのような域外適用規定を阻止するためのBlocking規定が定められているが、現在の日本においてはこのような対策法令はないため慎重な対応を要する。少なくとも米国法だけではなく、社内の規定として、安全保障を重視していることを独自に定め、米国の差別的とも表現され得る措置にのみ依拠した中止対応ではないことの説明が必要となろう。

　以上のように、米国で行われている半導体輸出規制と今後発動される懸念が高まっている中国のレアアース輸出規制により、サプライチェーンの途絶のリスクが高まっている。従来であれば、このような輸出管理や経済制裁措置は、WTO協定に違反する可能性があるとしており、WTOの紛争処理手続による解決を図ることも考えられた。しかし、WTOの紛争処理手続は、現状では上級委員会の委員がおらず審議を行えない状況が続いているため、WTOの紛争解決の実効性に懸念があるといえる。そのため、日本としては、サプライチェーンの途絶リスクに対応するために、サプライチェーンを強靱化する自助努力によらざるを得ない状況になっている。

## (7)　日本におけるサプライチェーン強靱化

　日本では、石油、鉱物資源、米、医薬品等の個別の物資ごと

に緊急時の備蓄を定める法令は従来から整備されていたが、平時から他国からのエコノミック・ステイトクラフトを想定し、生産基盤の整備、供給源の多様化、備蓄、生産技術の導入等の強靱化を総合的かつ業種横断的に取り組む制度がなかった。

サプライチェーンの途絶リスクの高まりを背景に、輸出管理の強化等の外部から行われる行為によって国家及び国民の安全が損なわれる事態を平時から未然に防止するため、経済安全保障推進法において、特定重要物資の安定供給を確保するための制度が導入された。

具体的には、政令により指定される「特定重要物資」ごとに主務大臣により安定供給確保取組方針が制定され、助成金を中心とした支援措置が実施される。支援措置を受けたい事業者は、供給確保計画を提出して、主務大臣の認定を受けることができる。

支援対象となる「特定重要物資」には、①国民の生存に必要不可欠又は広く国民生活又は経済活動が依拠していること、②外部に過度に依存又は外部に過度に依存するおそれがあること、③外部から行われる行為による供給途絶等の蓋然性があること、④本制度による措置の必要性があることの 4 つの要件を全て満たす、特に安定供給確保を図るべき重要な物資が指定される。具体的には、半導体、蓄電池、抗菌薬、レアアース等の重要鉱物、液化天然ガス（LNG）、肥料、船舶機器、永久磁石、工作機械・産業用ロボット、クラウド技術、航空機の部素材の計11物資が政令において指定されている。また、特定重要物資の生産に必要な原材料等も、支援措置の対象に含まれる。

もっとも、特定重要物資の中でも支援対象となる具体的な品目は絞られており、支援の対象となる取組の内容（生産施設・設備の導入、備蓄の強化など）や事業規模が一定範囲にとどまっているため、支援措置を受けることを企図する事業者は、安定供給確保取組方針に記載の取組の範囲に含まれる取組であるかを検討する必要がある。

　支援措置を受ける上での留意点としては、認定事業者は需給ひっ迫時において国から増産及び備蓄の放出等を求められる可能性があることである。「特定重要物資等の需給がひっ迫した場合に行う措置その他の取組を円滑かつ確実に実施するために行う措置として主務省令で定めるものが講じられると見込まれるものであること」が認定申請の要件になっており、これらの要請に応じることが法的な義務ではないものの、事実上要請に応じることとなるものと考えられる。この点、認定事業者のサプライチェーン上にいる事業者も、認定事業者が国からの要請に応じる体制を確保するために、国から要請があった場合には増産及び備蓄の全部又は一部放出などの協力に応じるよう、契約上義務付けられる可能性もあるものと思われる。そのため、認定事業者及びそのサプライチェーン上に位置する事業者は、供給確保計画を遂行する上で予測され得る事態を想定し、十分に協議しておく必要がある。

　需給ひっ迫時の対応に限らず、支援措置の認定事業者は、サイバーセキュリティの確保に向けた対応や経済活動における人権の尊重に関する対応が求められている。サイバーセキュリティや人権デューデリジェンスは、サプライチェーン全体で強

化を図るべきものである。そのため、認定事業者にとどまらず、認定事業者のサプライチェーン上にいる企業に対しても、当該認定事業者から、サイバーセキュリティや人権への体制確保を求められる可能性があるため、早めに専門家等と準備を進めることが推奨される。

## コラム　半導体産業の経済安全保障

為本　吉彦（三菱総合研究所）

　半導体産業は、これまでの1990年代から始まるグローバルレベルでの産業構造の転換を経て、設計や製造の各工程が細分化・専門化される形で各国・地域の得意領域が形成され、現在の国際的な水平分業体制が形作られてきた。しかし、近時は輸出規制の強化の動きなどが見られ、半導体のサプライチェーンの途絶リスクが高まっており、各国は半導体のサプライチェーンの強靱化のために国家主導で半導体産業の育成を進め、莫大な支援政策を展開している。

　ここでは、日本を中心に半導体産業の構造・変遷を振り返ることで、その国際的な水平分業体制の形作られてきた背景を解説するとともに、現在、起こりつつあるサプライチェーンの途絶リスクについて紹介する。

## 1　半導体の近現代史

　半導体産業の歴史は、1947年にベル研究所で発明された点接触型ゲルマニウムトランジスタ、1950年のショクレーによる接合型トランジスタに始まる。当時米国のトランジスタは、真空管の代用品であり、その用途も軍需以外には開拓されていなかった。逆に、日本では、1952年に日立と東芝がRCA社と、1953年には東京通信工業（後のSONY）がウェスタン・エレク

トリック社と技術契約を結び、1955年SONYは携帯型トランジスタラジオTR-55を発売する。このことは真空管ラジオが主流だった時代に、携帯型ラジオという半導体の新用途を開発することになり、1959〜1960年には日本は世界最大のトランジスタ生産国となった。

　同時期に1954年にシリコントランジスタがテキサス・インスツルメンツ社で開発され、日本でもNECが1960年にシリコントランジスタの開発に成功した。1960年代からは、これらの技術開発は米国主導ではあるものの、日本企業はほぼ１年で追随していた。

　集積回路（IC）は、1959年のテキサス・インスツルメンツ社の基本特許（固体回路）に始まり、1960年代半ばまでに量産技術までが出揃った。トランジスタの製造方法が手作業的組立てだったのに対して、ICはシリコンを使った大量生産型装置となり、半導体産業が確立された。1960年代後半の米国でのIC用途は、冷戦に対処するための軍需産業とソ連と競っていた宇宙産業であった。同時期の1960年代には、インテル、AMDといった半導体ベンチャーが生まれている。

　1964年にはIBMが電子計算機360シリーズを発表した。ここからICが民生用電子機器に利用される形になる。日本では、1964年にシャープがトランジスタ電卓を発売した。その後1966年にIC電卓を発売、1969年にはLSI電卓まで完成させた。さらにキヤノンやリコーも追随する。1972年にはカシオがLSI １個（日立、NECの国産品）だけの「カシオミニ」を発売する。この電卓用途を主とした1970年代前半が、日本における半導体産業

の勃興期といえよう。この時期の日立、東芝、NECに代表される日本の半導体メーカー＝日本の総合電機メーカーは、カラーテレビ生産で米国企業を凌駕し、世界市場でシェアを伸ばし、資本蓄積が出来上がり研究開発や設備投資が潤沢にできた時代であった。

　1970年代から1980年代は、テキサス・インスツルメンツ、モトローラ、フェアチャイルド、ナショナルセミコンダクタの米国勢、フィリップス、シーメンスなどの欧州勢、NEC、日立製作所、東芝などの日本勢が半導体市場を構成し、中でも米国専業メーカーが市場を支配していた。この間、日本企業は、生産管理や品質管理に注力し、米国メーカーより品質を高く維持することにより徐々にシェアを伸ばし、1986〜1991年の6年間、日本のNEC、日立、東芝の3社が売上高において首位から3位までを独占し、富士通、松下電子、三菱電機も10位以内に入る電子立国＝ニッポン半導体王国の絶頂期が続いた。

　日本企業がトップを独占する裏側で、1985年6月に米半導体工業会（SIA）が不公正貿易、ダンピングなどを理由に米通商法301条違反で日本企業を提訴した。これを契機に日米半導体協議が開始され、結果として1986年9月日米半導体協定（第一次協定、モニタリング等による公正市場価格（FMV）の監視など）が締結された。このFMV価格は高値安定を招き、DRAM価格が高騰、米国製品のシェア保障のため、当時米国勢が強かったCPUなどを積極的に輸入することとなり、日本企業はDRAMの製造に傾注することとなった。この協定は1991年に改定され、1996年まで延長された。

1980年代半ばから、コンピューターのダウンサイジングが始まり、メインフレームを中心とするシステムから、ワークステーション、パソコンを中心とするシステムに変化していった。そのため、1990年代半導体の最大用途はパソコンとなり、その中心となるCPUがインテル社製であったことから、DRAMは従的存在となり、インテルのチップセットによって規定される立場に変わった。結果的に、日本はメモリや特定用途向け集積回路（ASIC）、米国はCPUというすみ分けが出来上がっていった。

1990年代後半に入ると、電子機器の事業構造が大きく変わる。パソコンを例に取れば、マザーボードなどの各機能部品のモジュール化が進み、最終組立メーカーが差別化できる価値は、ブランドと価格（＝販売力）のみとなっていった。そこで付加価値の低い組立てプロセスは外部化されEMS（Electronic Manufacturing System）やODM（Original Design Manufacturing）企業が台頭し始める。そこでは設計と製造の分離が行われ、ファブレス企業とファウンドリー業の水平分業が主流となった。台湾のTMSCは半導体受託製造に特化するビジネスモデルをいち早く始め、現在では、半導体受託製造の世界シェア66％（2022年）を有し、時価総額ではトヨタ自動車の２倍を記録するに至っている。国際的な水平分業という業界変革の中、垂直統合型のビジネスを展開してきた日本の総合電機メーカーは対応が遅れてしまい、半導体製造部門の切り出しや合併が難航する間に競争力を失ってしまった。

バブル経済崩壊後の長期不況により、総合電機メーカーの収

益の柱であった家電市場が急速に縮小し、収益が低迷、DRAMラインへの投資も削られ、韓国・台湾のDRAMメーカーに技術的にもコスト的にも太刀打ちできない状況に陥っていった。また事業の悪化に伴い、技術者の解雇が行われ、新興国への転職が増加したことで技術者のノウハウが海外に流出し、日本企業の競争力を下げる要因となってしまった。

逆に、韓国・台湾では、研究開発や設計分野だけでなく、工場建設や税制優遇など、大規模な補助金・減税等で長期にわたって優遇措置が採られ、半導体製造企業の育成が図られてきたことにより、サムスン電子やTSMC、SKハイニックスなどが台頭してきた。

2000年代半ばから2010年代前半は、携帯電話からスマートフォンへの市場シフトが起きた。スマートフォン主流の時代となり、パソコン、サーバより、データセンター、ネットワーク、スマートフォン・タブレットが半導体市場を牽引し、Armベースのエコシステムが半導体産業を席捲することとなり、サムスン電子が世界一の半導体ファウンドリーとなった。

半導体産業は巨額の設備投資が必要であり、巨額の設備投資が抱える巨大なリスクに対応できた企業のみが市場を寡占して高い利益率を確保し、更なる巨額の設備投資に回すことで競争力が更に高まる循環が生まれる。日本のみならず欧米の半導体メーカーが「リスクオフ」姿勢を取った中、TSMCは積極的な設備投資策を取り、寡占状態により高い利益率を確保し、更に積極的に設備投資を進めることで、他社の追随を許さない圧倒的な技術力を有するに至った。

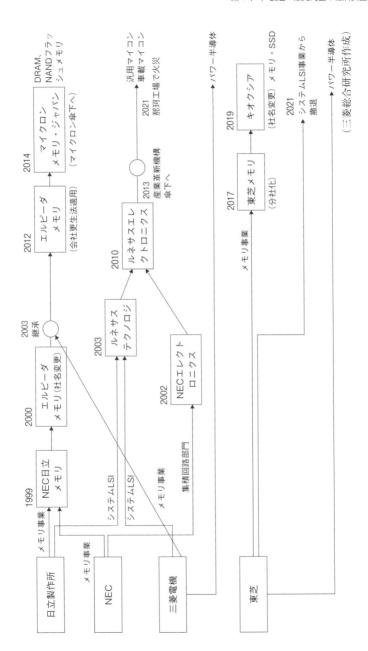

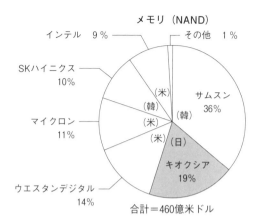

メモリ（NAND）

その他　1%
サムスン　36%
（韓）
インテル　9%
SKハイニクス　10%
マイクロン　11%
（米）
（米）
（米）
ウエスタンデジタル　14%
（日）
キオクシア　19%

合計＝460億米ドル

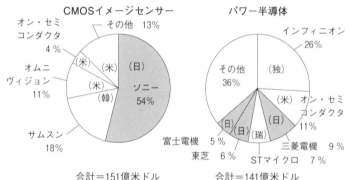

CMOSイメージセンサー

その他　13%
オン・セミコンダクタ　4%
オムニヴィジョン　11%
（米）（米）
（米）
（韓）
サムスン　18%
（日）
ソニー　54%

合計＝151億米ドル

パワー半導体

インフィニオン　26%
その他　36%
（独）
（米）オン・セミコンダクタ　11%
（日）
（日）（瑞）
富士電機　5%
東芝　6%
STマイクロ　7%
三菱電機　9%

合計＝141億米ドル

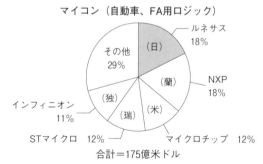

マイコン（自動車、FA用ロジック）

その他　29%
（日）ルネサス　18%
（蘭）NXP　18%
（独）
（瑞）（米）
インフィニオン　11%
STマイクロ　12%
マイクロチップ　12%

合計＝175億米ドル

（出典）　Omdia（2019年データ）
（経済産業省 商務情報政策局「半導体・デジタル産業戦略検討会議」資料
（2021年6月4日）より）

　一方、2000年以降、国内半導体メーカーは、選択と集中をお題目に、半導体事業の分離・合併・売却を繰り返したため半導体メーカーが減少し、現在純国産メーカーは、マイコンのルネサスエレクトロニクス1社、メモリの東芝系のキオクシア1社に絞られてしまっている。その他のパワー半導体、イメージセンサー、マイコンでは、世界シェアを有しているものの、グローバルニッチとしての位置付けにある。

## 2　半導体のサプライチェーン途絶リスク

　このように設計と製造の分離、国際的な水平分業の中で発展してきた半導体業界であったが、技術覇権争いの激化による米国の対中半導体規制の強化によって、半導体のサプライチェーンの途絶リスクが表面化し、サプライチェーンの分断（デカップリング）が懸念される時代の転換点を迎えている。

　半導体産業は、設計ソフトウェア、原材料、製造装置、製造前工程、製造後工程などの工程ごとに国際的な水平分業体制が進んでいるため、EUV露光装置を世界で唯一製造できるオランダのASMLに代表されるように、特定の国・地域・企業にサプライヤーが集中する傾向がある。これは輸出管理の強化や工場の稼働停止により、特定のサプライヤーからの供給が途絶した場合に、半導体の製造・供給に支障を来してしまう脆弱性が高いことを意味している。また、IoTの時代には、あらゆる製品に半導体が搭載されることになるため、半導体の供給不足は自動車などその他の産業の製品の製造にも大きな影響を与える

ことになる。日本においても、2021年3月、ルネサスエレクトロニクスの半導体製造工場での火災により、それまでコロナ禍を受けて減産方向にあった自動車用半導体は一気に枯渇し、自動車完成車メーカーは一時的な減産を余儀なくされた。

設計と製造の分離や国際的な水平分業自体は、業界構造のモジュール化が進んだ機械部品や電気部品などその他の産業でも見られるが、半導体は、ミサイルなど兵器の性能を左右するため軍事的にも重要物資であり安全保障と直結することから輸出管理の強化の対象となりやすいことにも特徴がある。米国はこのような安全保障上の理由により、中国への半導体輸出規制を大幅に強化してきており、半導体のサプライチェーンの脆弱性を生み出す大きな要因となっている。

## 3　日本の半導体戦略

日本はロジック半導体の多くを輸入に依存しており、半導体のサプライチェーンの脆弱性が高まる中で、サプライチェーンを強靱化するための政策を押し進めている。

半導体産業全体を揺るがす米中対立や各国の動きを受けて、経済産業省は2022年11月11日、次世代半導体の設計・製造基盤の確立に向けた取組として、新しい研究開発組織「技術研究組合最先端半導体技術センター（LSTC）」の立ち上げと、製造基盤確立に向けた研究開発プロジェクトの採択先を国産ロジック半導体製造会社「Rapidus」に決めたことを発表した。

経産省の掲げる「半導体・デジタル産業戦略」を具体的に推

進する組織として、研究開発基盤となる「LSTC」と量産製造
拠点の「Rapidus」の 2 つを明確化したものである。LSTCは、
研究開発プラットフォームの役割を担い、日米間での半導体協
力基本原則に基づいた研究開発組織である。理事長には東京エ
レクトロンOBの東哲郎氏、アカデミア代表として東京大学教
授、理化学研究所理事長の五神真氏が就任した。物質・材料研
究機構、理化学研究所、産業技術総合研究所、東北大学、筑波
大学、東京大学、東京工業大学、高エネルギー加速器研究機
構、Rapidusが参加する。

　量産製造拠点のRapidusは、キオクシア、ソニーグループ、
ソフトバンク、デンソー、トヨタ自動車、NEC、NTT、三菱
UFJ銀行の 8 社が総額73億円の出資により設立された株式会社
で、政府の補助金も合わせて、次世代半導体の製造基盤確立に
取り組む。まずは、米国IBM、ベルギーの半導体研究機関
imecなどと連携して 2 ナノメートル世代のロジック半導体の
技術開発を行い、国内短TAT（Turn Around Time）パイロット
ラインの構築と、テストチップによる実証を行い、その成果か
ら先端ロジック半導体の製造受託（ファウンドリー）として事
業化を進め、5 年以内の 2 ナノメートルプロセス半導体の量産
を行う計画である。

　これらにより、現在、米国・台湾・韓国がしのぎを削ってい
るBeyond 2 ナノメートル技術開発に日本も参入し、将来社会
に不可欠となる半導体技術開発に再度挑戦することになった。

　また、主要国で、半導体への莫大な資金支援が行われている
中、日本においても、資金支援を拡大しており、2022年度の補

正予算において、以下のような半導体関連予算が計上されている。まず、DXの推進に不可欠な半導体や部素材・原料・製造装置について、生産能力を強化してサプライチェーンを強靭化するために、経済安全保障推進法の特定重要物資に対する資金支援として、3,686億円を計上している。また、データセンターやAI等の最先端技術に必要不可欠な先端半導体の国内生産拠点を整備するため、5G推進法に基づく先端半導体支援として4,500億円を計上している。そして日米をはじめとする国際連携での次世代半導体の製造技術開発に取り組むため、ポスト5G基金による半導体支援として、4,850億円を計上している。

これまで見てきたように、1990年代後半から国際的な水平分業が進んできた半導体産業は、安全保障を理由とする輸出管理の強化によりかつてないほどにサプライチェーンの分断、途絶リスクが高まっている大きな時代の転換点を迎えている。ゲームチェンジは往々にして、後発者がキャッチアップする機会になることがあるが、日本の半導体産業を復活させる最後のチャンスになると思われる。このような時代の混迷が設計と製造の分離、スマートフォン向け半導体へのシフトに乗り遅れた日本企業にとって復活のきっかけとなることを願わずにはいられない。

# 第 5 章

# 研究開発局面の経済安全保障

研究開発は、国の科学技術力、企業のイノベーション力の源泉であり、国や企業の維持・発展に欠かせない重要な活動である。研究開発は、自社の従業員から成る開発チームのみで行われるケースもあれば、他の企業や研究機関と共同研究開発契約や開発業務委託契約を締結して共同で行われることもある。

　この場合、研究開発には社内外の様々なステークホルダーが関与し、これらの者の間で技術情報の授受を伴うことから、重要な技術情報の漏えい等を防ぐために従来から機密情報の適切な管理が求められたが、経済安全保障上のリスクの高まりにより、情報管理の重要性が再認識されている。

　AI、ドローンをはじめとする軍事転用可能な技術の開発におけるメインプレーヤーが、軍事研究機関から民間セクターに移るとともに、働き方改革による副業・兼業等を含む民間企業における人材の流動化が活発化し、コロナ禍を背景とするテレワークの普及する中で、企業の管理する機密情報の重要性や流出リスクが高まり、企業は対策の必要性に迫られている。

　そこで、本章では、まず、経済安全保障の文脈で特に重要となる「研究開発において取り扱われる情報」に係る法的側面について述べる。

　次に、「研究開発に関与する人材」に焦点を当て、従業員の労務管理の視点から意識するべきリスクとその解決策を、また研究開発局面における技術提供の際の注意事項として外為法のみなし輸出規制について説明する。

　また、技術を「守る」前提として、そもそも技術を「生み出す」ことが必要である。かかる観点から、経済安全保障推進法

で新たに導入された「特定重要技術の開発支援」制度についても説明する。

# 1　研究開発において取り扱われる情報

## (1)　技術情報の権利化と公開

　研究開発により得られた技術的知見の管理態様は、特許権による技術の独占と、技術情報の秘匿化の 2 つに大別される。

　1 つ目の特許権は、新規性や進歩性等の特許要件を充足する発明につき、特許出願、審査を経て、特許査定や設定登録を受けることにより発生する権利である。特許権者は、業として特許発明を実施する権利を専有し、当該特許発明を無断で実施する第三者に対し、差止請求権や損害賠償請求権等の民事上の救済を求めることができる。

　もっとも、技術情報の権利化には弊害もある。まず、出願した発明は、審査請求の有無にかかわらず、出願から 1 年 6 か月が経過すると自動的に公開される。したがって、第三者が無断で特許発明をしていたとしても、特許権者が、侵害の事実を発見し、立証できなければ、差止めや損害賠償といった民事上の救済を受けることができず、無為に当該第三者を利するだけになってしまう。また、特許権の存続期間は特許出願の日から20年間に限定され、その後はパブリックドメインとして何人も実施可能となる。企業は、以上のリスクを十分に認識した上で、技術情報の特許化に取り組む必要がある。

## ⑵　営業秘密としての秘匿

　研究開発により得られた技術的知見の管理態様の2つ目は、技術情報の秘匿化である。技術情報を秘匿することで、他社による重要技術へのアクセスを遮断し、市場における自社の競争力を維持するという事実上のメリットがあるほか、当該技術情報が不正競争防止法上の「営業秘密」に該当する場合は、技術情報の意図せぬ流出に対し、同法に基づく民事上（差止め・損害賠償請求）、刑事上の救済を受けることができる。

　技術情報が同法上の「営業秘密」に該当するとして法的な保護を受けるためには、①秘密管理性、②有用性、③非公知性の3要件を充足しなければならない。特に、企業における情報管理体制に関連する要件である①秘密管理性を充足するためには、情報にアクセスできる者を制限するなどの方法により、当該情報が営業秘密であることが客観的に認識可能となる体制を構築することが重要である。

　近年、エレクトロニクス産業等における雇用形態の多様化や人材の流動化に伴う海外企業への転職技術者の増加、日本企業の海外展開の進展による新興国との取引関係の深化及び工場の海外移転の増加、サイバー空間の拡大・浸透に起因するサイバー攻撃のリスク増加、といった複合的な要因により、営業秘密の漏えいのリスクが高まっている。企業としては、営業秘密の漏えいを未然に防ぎ、これを確実に秘匿するために、適切な情報漏えい対策を実施する必要がある。

## ⑶　オープン＆クローズ戦略

　特許権にせよ、営業秘密にせよ、企業は、技術（情報）を独占して収益化を図ることも（クローズ戦略）、他社へのライセンス許諾によるライセンス収入や市場拡大による収益化を図ることも（オープン戦略）可能である。当該技術情報の性質、サプライチェーンやビジネスモデル等に応じて、これらを使い分けて戦略的に知財管理をしていく必要がある。

　例えば、方法の発明のように、工場に立ち入らなければ分からない製造プロセス等の技術情報の場合は、特許権を取得したとしても、これを模倣する第三者による当該特許権の侵害を立証することが容易ではなく、現実問題として権利行使が難しい。したがって、このような技術情報については、「秘匿化」の戦略に適しているといえる。その一方で、技術の内容が製品の外観からある程度明らかになってしまい、他社に容易に模倣され得る技術情報については、秘密としての管理が難しいので、他社より先に特許出願等を行う必要性が高い。そのため、このような技術情報については、「権利化」の戦略に適しているといえる。

　また、第3の戦略として、営業秘密として管理が難しいものの、自社において権利化して維持することまでは予定していない技術情報については、他社による特許権等への権利化を阻止するために、特許出願等による公開、論文発表、公開技報等を行い、単に「公知化」するという手段もあり得る。

　また、特許をオープンにしていく上では、日本企業が開発し

た特許が国際的な標準規格（互換性の確保や技術の普及を目的として共通化された技術仕様）に利用されるように標準化活動を国際的に進めていくことも重要となる。近時、あらゆるモノとモノがつながるIoTの時代が訪れたことで、5G等の通信分野の標準必須特許（標準規格の実施に必要不可欠な特許）が、スマートフォン等の通信機器のみならず、家電製品、自動車など様々なものに利用されるようになっており、従来は通信事業者間でのみ行われていたライセンス交渉が異業種間に拡大し、日本の自動車メーカー等も対応を迫られている。標準必須特許が他国に保有された場合には、これを必ず使用することになる製品の製造を差し止められたり、不当なロイヤルティを請求されるリスクが生じたりする（これを「ホールドアップ問題」という）。標準必須特許は、まさに戦略的自律性と戦略的不可欠性に直結する問題となっている。

### ⑷ 「特許出願の非公開」制度（秘密特許）

#### a 概　説

研究開発の成果として発明が創出されたとき、特許を出願して、権利化を図ることが一般的である。しかしながら、特許制度は本来、技術情報を公開した代償として独占的排他権たる特許権が付与されるものであるため、特許出願された発明は、原則として必ず公開されることになる。

これまでは、出願された発明が日本の安全保障上極めて機微なものであっても、出願人の意向により一旦特許出願されてしまうと、公開を止めるすべがなく、特許制度によって、日本の

安全保障が損なわれるおそれが指摘されていた。

この点、諸外国の多くは、特許制度の例外措置として、機微な発明の特許出願については出願を非公開とするとともに、流出防止措置を講じて、当該発明が外部からの脅威に利用されることを未然に防ぐ制度を有している。

そこで、経済安全保障推進法では、4本の柱の1つとして、機微な技術情報の流出を防ぐことを目的とする「特許出願の非公開」制度が導入された。経済安全保障推進法は、公布後2年間で段階的に施行され、「特許出願の非公開」については2024年の施行が予定されている。

「特許出願の非公開」制度は、特許出願のうち、日本の安全保障上極めて機微な発明であって公にするべきではないものについて、そうした状況が解消するまでの間、出願公開及び審査手続を留保するとともに、機微な発明の流出を防ぐための措置を講ずるものである。ここでは、非公開の対象となる発明、対象発明の選定プロセス、保全措置、外国出願の制限、補償について説明する。

b　非公開の対象となる発明

非公開の対象となる発明は、2つの要件により絞り込むこととされている。1つ目は技術分野の要件であり、我が国の国家の安全及び国民の安全を損なうおそれが大きい発明が含まれ得る技術分野に絞り込む。技術分野は国際特許分類又はこれに準じて細分化した技術の分野が定められる。2つ目は付加要件であり、民生分野での活用や発展が期待されるデュアルユース技術のように技術分野だけでは絞り込めない場合には、防衛・軍

事用途で開発された場合に限定するなど、付加的な条件を課す。これにより、経済活動やイノベーションとの調和が図られる。

### c　対象発明の選定プロセス

　特許庁が第一次審査を行い、できる限り機械的にふるいに掛け件数を絞り込んだ上で、内閣府に新設される専門的な審査部門が更に保全指定をすべきかを判断する二段階審査制が採用される。特許庁による第一次審査は、非公開の対象となる技術分野に該当するか否かといった点を中心に、定型的な審査が3か月以内に行われる。また、第二次審査では、特許出願の明細書等に公にすることにより外部から行われる行為によって国家及び国民の安全を損なう事態を生ずるおそれがある発明が記載され、かつ、そのおそれの程度及び保全指定をした場合に産業の発達に及ぼす影響その他の事情を考慮し、当該発明に係る情報を保全することが適当と認められたときには、保全対象発明として保全指定される。

　なお、保全指定がされた場合、特許出願がされなければ取扱いが自由であった発明について、開示禁止等の強い制限が課され、保全指定後は特許出願の取下げによる離脱も認められないため、保全の対象として指定される前に出願人に対して意思確認が行われ、出願取下げの機会が与えられる。

### d　保全指定による制限

　非公開の対象として選定され保全指定された発明（保全対象発明）は、保全期間中、出願人等に次のような制限が課されることになる。なお、保全期間は1年ごとに更新の要否が判断さ

れる。

・特許出願の放棄、取下げの禁止

・保全対象発明の実施の許可制

・保全対象発明の開示の原則禁止

・保全対象発明の漏えい防止のための適正管理義務

・保全対象発明の共有者追加の承認制

・外国出願の禁止

### e 外国出願の制限

　安全保障上極めて機微な発明の流出を防止するために「特許出願の非公開」制度を設けながら外国出願を自由としたのでは意味がないことから、非公開の審査対象となる発明については日本への第一国出願義務が定められた。すなわち、今後、特許庁による第一次審査において非公開の審査対象となる技術分野に関する発明が日本国内で創出されたとき、当該発明は最初に日本で特許出願しなければならない。これに違反して、最初に外国で出願した場合は、罰則の対象となる。

　一方で、外国出願禁止の解除事由も定められており、①特許出願の日から10か月を超えない範囲で政令で定める期間を経過したとき、②特許出願から３か月を超えない範囲で政令が定める期間を経過しても第二次審査への送付通知がないとき又は第二次審査への不送付通知があったときには外国へ出願することができる。

　また、最初から外国に出願したい者のために、第一国出願義務の対象に当たるかどうかを事前に特許庁に確認できる枠組みが設けられており、公にすることにより外部から行われる行為

によって国家及び国民の安全に影響を及ぼすものでないことが明らかである旨の回答を受けた場合は外国へ出願することができる。

### f　補　償

保全指定を受けて損失を受けた者に対しては、通常生ずべき損失が補償される。補償金額の設定に不服がある場合は、補償金額の通知を受けた日から6か月以内に国を被告として増額の訴えを提起することができる。

## 2　研究開発に関与する人材の管理

### ⑴　従業員の秘密管理

#### a　従業員の秘密管理の重要性

近年、地政学上のリスクが高まり、国際的な産業競争が激しさを増す中、日本企業や研究機関が保有する秘密情報が外国へ漏えいするリスクが高まっている。そして独立行政法人情報処理推進機構（IPA）が2021年3月、国内企業1万6,000社を対象にしたアンケート調査等に基づき行った「企業における営業秘密管理に関する実態調査 2020」（以下「本調査」という）によると、企業における情報漏えいルートのうち最も多かったのは、「中途退職者（役員・正規社員）による漏えい」（36.3%）である。これは、次点の「現職従業員等の誤操作・誤認等による漏えい」（21.2%）と比較しても、大きく差をつけているといえ、「現職従業員等による金銭目的等の具体的動機を持った漏え

い」（8.0%）、「契約満了後又は中途退職した契約社員等による
漏えい」（1.8%）、及び「定年退職者による漏えい」（0.9%）と
合わせると、実に企業における情報漏えいの約半分は、企業の
内部不正に起因しているといえる[5]。

　こうした実情を踏まえ、企業が内部不正による情報漏えいを
防止するために、中途退職者や現職従業員の労務管理の観点か
ら、とりわけ意識するべきリスクについて、本調査や実際に生
じた情報漏えい事例を基に説明する。

　b　中途退職者による営業秘密の不正な持ち出し

　秘密管理上まず着目するべきは、中途退職者やOBによる営
業秘密の保持及びアクセスである。この点については、経済産
業省が日本における情報流出の主たる事例として紹介[6]してい
る、以下の事案が参考になる。

---

【Case】

　A社は、日本の鉄鋼メーカーであるところ、同社が開発
した方向性電磁鋼板の製造技術に関する営業秘密を、同社
の中核技術者であったOBが、1980年代後半から長期にわ
たり、韓国企業であるB社に提供していた。B社側は、営
業秘密の不正取得に当たり、資料提供班や連絡班といった
班編成を行った上で、セミナーなどへの勧誘を通じて、
OBと接触していたと思われる。OBは情報提供の見返りと

---

5　IPA「企業における営業秘密管理に関する実態調査2020調査実施報告書」4頁、
27頁、121頁（2021年3月）。
6　経済産業省「営業秘密の保護・活用について」1頁（2017年6月）。

して数億円を受け取って、資料提供班に加わっていたと考えられ、日本国内における証拠保全手続の結果、国内実行犯の自宅等から、契約書、報告書、議事録、技術資料といった重要資料が、段ボール数十箱分発見された。A社は韓国国内において提起された刑事訴訟を機に本件を認知し、2012年、同社のOBとB社を被告として、不正競争防止法違反を理由に、約1,000億円の損害賠償を請求し、2015年300億円の和解金を支払うことで、B社と和解した。

この事案において、特に注目するべきは、①A社のOBが会社の営業秘密に関連する資料を大量に入手できた点、②外国側が営業秘密へのアクセス権を有するキーパーソンを確実に把握して組織的な籠絡に及んだ点、③A社は、情報漏えいの存在を、国外における刑事訴訟を端緒に認識している点である。

すなわち、①との関係では、外国側が退職した中核技術者を確実に把握して、接触しているという実情を踏まえると、従業員との関係では秘密保持契約を締結し、退職時の資料の取扱いにつき取決めをするだけにとどまらず、現実問題として退職従業員の保持する資料をどのように回収・管理するかについてまで、視野を広げる必要があるといえる。本事例において、OBは公判の中で、「営業秘密を自分の勉強のために取得した」と主張したが、②の点を踏まえると、いかなる理由であれ、退職従業員の手元に営業秘密を残せば、企業は情報漏えいのリスクにさらされることはいうまでもない。

また、事前の予防策として退職従業員の営業秘密の管理を強

化したとしても、それをすり抜ける者が現れる可能性は否定できず、外国側が周到な準備の下に、そうした者に接触すれば、情報漏えいを完全に防止することは困難である。③で指摘したように、Ａ社は自社の自発的な活動で情報漏えいの存在を認識したわけではないので、韓国国内における刑事訴訟がなければ、情報漏えいの存在を認識できなかった可能性も十分に考えられる。企業としては、二重三重の防御網の構築に注力するのみでなく、情報漏えいが起きた際に、それを確実に把握して、適切な事後対応をできるような体制の構築が要求されているといえよう。

### c 現職従業員に対する働きかけの巧妙化

現職従業員による情報漏えいに関しては、従業員に対する働きかけの手口の多様化・巧妙化に着目するべきである。この点について、経済産業省が、実際に日本において外国政府職員からスパイ活動をするよう工作を受け、現職従業員が営業秘密を漏えいしてしまったという事例として紹介している以下の事案[7]が参考になる。

---

### 【Case1】

日本の通信関連会社の日本人社員が、ある日道端で、外国の政府職員を名乗る外国人から飲食店の場所を尋ねられ、食事に誘われた。その後、2人は継続的に食事をする間柄になったところ、外国人は、日本人社員に公開情報を

---

7 経済産業省「秘密情報の保護ハンドブック」33頁、34頁（2022年5月）。

提供させて少額の報酬を渡すということを繰り返すように
なった。そして、日本人社員の情報提供に対する心理的な
抵抗が弱まった時点で、社外秘の営業秘密を持ち出すよう
要求するに至った。唆された日本人社員は、外国人に営業
秘密を提供するようになり、最終的には不正競争防止法違
反（営業秘密の領得）で逮捕された。

【Case2】

　日本の化学メーカーの日本人社員が、ビジネスパーソン
向けSNS上において、外国企業の社員である外国人と知り
合った。外国人は、日本人社員のアカウントに記載された
個人情報に注目して同人に接近したと思われるが、「業務
に関して質問がある」などと伝えて日本人社員に接触し
た。外国人は技術指導を依頼したり、報酬や転職の打診を
含めた働きかけを行ったりするほか、言葉巧みに外国に招
待するなどして、日本人社員と深い関係を構築した上で、
日本人社員に対して営業秘密の提供を要求した。最終的に
日本人社員は、自社のコンピューターにアクセスして、秘
密情報を不正に取得し、電子メールを使用して外国企業に
提供した結果、不正競争防止法違反（営業秘密侵害）で逮
捕された。

　上記2つの事例から分かるように、偶然を装って対象者に接
近する、営業秘密の提供を求める前段階として信頼関係の構築

に時間をかけるなど、外国側の手口は巧妙化しており、また、近年ではSNS等を通じて、従業員に接近するなど、接触方法も多様化している。さらに、営業秘密を引き出すことに成功した場合、従業員に対して「自宅を知っている」などと申し向け恐怖心を煽ることも厭わない。

日本人社員にとって、このように悪意を持った者が自分たちの秘密情報を狙って接近してくるという危険性を、身近なものとして考えることは容易ではなく、「自分たちには関係ない」という意識に押しやられがちである。しかし、個々の従業員が当事者意識を持たなければ、外国側からの働きかけにより、知らず知らずのうちにスパイに仕立て上げられ、情報漏えいの片棒を担がされるという事態になりかねない。

そのため、企業としては、経営層レベルで、従業員への働きかけの巧妙化・多様化を認識するのはもちろんのこと、一人一人の従業員がその危険を認知できるような対策が要求されるといえよう。また、従業員が不審なアプローチを受けた際には、その事実を社内で速やかに共有し、再度のアプローチが行われることを防止できるような体制を構築することも重要である。

### d テレワークの実施に伴う新たなリスク

bで言及した本調査は、2020年以降の新型コロナウイルスの蔓延とそれに伴う緊急事態宣言発令により、新たにテレワークを実施する企業が増加傾向にあり、今後もテレワーク等を用いた新しい働き方が常態化していく可能性がある一方で、それに対応した規定等の整備が進んでいない企業が存在していることを指摘している。企業がテレワーク等の在宅勤務を実施せざる

を得なかった背景を踏まえれば、その導入が「見切り発車」的になるのは、やむを得ない側面があるが、企業の施設内のみで営業秘密を扱うことを前提としたこれまでの手続や対策の中には、テレワーク等の環境においては有効ではなくなるものもあることから、緊急避難的な状況を永続させることには大きな危険が伴う。

　具体的には、中途退職者等による秘密情報の持ち出しとの関係では、テレワークの実施に当たって、一般的に秘密情報は電子ファイル化されることが前提になるので、秘密情報を限られた者しか入室できない建物や部屋に保存したり、秘密情報の管理責任者が管理する鍵で施錠されたキャビネットに保管したりするような対策や、秘密文書を綴じたバインダーに「マル秘」表示をする等の対策については、テレワーク環境では機能せず、また従業員としても、上司や同僚の目に触れることなく秘密情報にアクセスできるようになる。そのため、企業としては、アクセスログを自動的に取得できる仕組みを構築する等して内部不正を検知できるようにするとともに、そのことを従業員にも周知して内部不正を抑止するといった、テレワークに対応した対策を検討するべきである。その一方で、秘密情報にアクセスするための正当な権限を持つ担当者が、業務目的でのアクセスと区別できない形で秘密情報を参照し、これを不正に持ち出すような場合は、退職直前に不自然な大量のアクセス等を行わない限り、アクセスログ上で不正かどうかの判断は困難であり、アクセスログを利用した不正検知に限界が存在することは、認識しておく必要がある。

### e 小　　括

　以上のとおり、中途退職者や現職従業員に対する外国側の働きかけの手口は巧妙で組織的なものになっており、今後もその流れは進むといえよう。企業としては、こうした傾向を踏まえて、中途退職者や現職従業員の所持する秘密情報を、退職時も含めて適切に管理するなど、情報漏えいを予防するための対策が求められる。また、事前の予防策を二重・三重に設けたとしても、情報漏えいを完全には防止できないことから、情報漏えいが生じた場合に確実にこれを検知して対応する事後対応体制についても目を向ける必要がある。さらに、今後テレワークを含む新しい働き方が常態化する可能性を考慮すると、そうした環境下特有の情報漏えいリスクについても把握した上で、労務管理を行うべきである。

### ⑵　みなし輸出

　研究開発局面において技術の提供を行う際には、外為法のみなし輸出規制にも注意する必要がある。外為法は、安全保障輸出管理として、一定の技術提供を規制（詳細は第4章1⑴を参照）しているところ、非居住者は最終的に出国し海外で技術を提供する蓋然性が高いことから、居住者から非居住者への規制技術の提供について、経済産業大臣の許可を要求している。これをみなし輸出規制という。

　居住者とは、「本邦内に住所又は居所を有する自然人及び本邦内に主たる事務所を有する法人」をいい、非居住者とは「居住者以外の自然人及び法人」をいう。

国内の企業に勤務する外国籍従業員や入国後6か月以上経過した外国籍留学生は「居住者」に当たり、日本企業から外国籍従業員への技術提供や日本の大学から外国籍留学生への技術提供は、居住者間取引としてみなし輸出の対象外とされており、外国の影響下にある居住者からの機微技術の流出を防ぐことができない点が問題視されていた。

そこで、関連する省令を改正する通達が公表[8]され、2022年5月1日から、居住者への技術提供であっても、当該居住者が、非居住者と事実上同一と考えられるほどに非居住者から強い影響を受けている状態（特定類型）に該当する場合には、「みなし輸出」に該当することが明確にされた。非居住者には国籍は限定されていないため、日本国籍者でも該当する可能性がある。

### a　特定類型

企業内における規制技術の提供も、提供先が以下の特定類型に該当する場合に、みなし輸出の対象となり得るため、該当性を確認する必要がある。

① 外国政府や外国法人等との間で雇用契約等の契約を締結し、当該外国政府や外国法人等の指揮命令に服する又はそれらに善管注意義務を負う者

② 外国政府等から多額の金銭その他重大な利益を得ている又は得ることを約している者

---

8 「輸出者等遵守基準を定める省令」と「外国為替及び外国貿易法第25条第1項及び外国為替令第17条第2項の規定に基づき許可を要する技術を提供する取引又は行為について」（通達）

③　本邦における行動に関し外国政府等の指示又は依頼を受け
る者

「外国政府等」とは、中央、地方政府、中央銀行、政党その
他政治団体をいい、国営公営企業、国公立大学、研究機関、国
際機関は該当しない。また、「外国法人等」とは、外国法令に
基づいて設立された法人その他の団体をいい、外国法人の日本
支店は該当しない。特定類型②と③は、「外国政府等」からの
影響の場合に限定されており、「外国法人等」からの影響の場
合は該当しない。

特定類型①は、日本企業の従業員が外国企業の従業員と兼業
している場合や、日本企業の取締役が外国企業の取締役にも就
任している場合が該当し得る。しかし、特定類型①には 2 つの
例外があり、外国法人等と日本企業又は特定類型該当者との間
で、日本企業の指揮命令権等が優先する関係になることが合意
されている場合、当該外国法人等が本邦企業の議決権の50％以
上を直接若しくは間接的に保有する者（外資企業等）又は日本
企業により議決権の50％以上を直接若しくは間接的に保有され
る者（海外子会社等）である場合には例外とされる。

特定類型②の「多額の金銭その他重大な利益」とは、金銭換
算する場合に、当該者の年間所得のうち25％以上を占める金銭
その他の利益をいう。

特定類型③については、民間の提供者がその該当性を判断す
ることが難しく、基本的には経済産業省からの連絡の方法によ
り規制される。

### b　人事管理上の注意点

特定類型①と②は、当該居住者が規制技術の提供者の指揮命令下にある場合、当該居住者が指揮命令に服した時点において、特定類型①又は②に該当するか否かを当該居住者の自己申告で確認する必要がある。

これから採用する場合には、特定類型①、②に該当しない旨の誓約書を取る必要があり、経済産業省において誓約書の例が公表されている[9]。誓約書には類型該当性のみを記載し、兼業先や副業収入等の記載は不要である。

既に雇用している場合には、新たに特定類型①、②に該当する場合に報告義務を課して確認する必要がある。具体的には就業規則等の社内規則において、副業行為を含む利益相反行為を禁止又は申告制にしている場合は報告義務を課していると解される。

輸出管理は、これまで、企業や大学の輸出管理部門が主に対応していたものと思われるが、みなし輸出の運用の明確化を踏まえた具体的な対応を行うには、輸出管理部門だけでなく、法務部や人事部門との連携も必須と思われる。

## 3　特定重要技術の開発支援

経済安全保障は、技術を「守る」ことのみならず、技術を「育てる」ことと一体となって初めて有効に機能し得る。覇権

---

**9**　https://www.meti.go.jp/policy/anpo/law_document/minashi/jp_seiyakusho.
pdf

争いの中核が科学技術・イノベーションとなり、各国が熾烈な開発競争を繰り広げる中、宇宙、海洋、量子、AIなどの重要な技術を外部に依存していては、日本で安定的に利用できなくなるおそれがあるため、世界の動向を見据えて、迅速かつ機動的に技術を育てる新たな仕組みが必要となっている。

そこで、経済安全保障推進法では、4つの柱の1つとして、特定重要技術の開発支援に関する制度が導入された。

同法は、政府に特定重要技術の研究開発の促進及びその成果の適切な活用に関する基本指針（特定重要技術研究開発基本指針）を定める義務[10]とともに、特定重要技術の研究開発の促進及びその成果の適切な活用を図るため、特定重要技術研究開発基本指針に基づき、必要な情報の提供、資金の確保、人材の養成及び資質の向上その他の措置を講ずる努力義務を負わせている。

### a　特定重要技術

「特定重要技術」とは、「将来の国民生活及び経済活動の維持にとって重要なものとなり得る先端的な技術のうち、当該技術若しくは当該技術の研究開発に用いられる情報が外部に不当に利用された場合又は当該技術を用いた物資若しくは役務を外部に依存することで外部から行われる行為によってこれらを安定的に利用できなくなった場合において、国家及び国民の安全を損なう事態を生ずるおそれがあるもの」をいう。

特定重要技術については、以下の協議会が組織され得る。

---

**10**　同指針は2022年9月30日に閣議決定された。

### b 協議会

　特定重要技術の潜在的な社会実装の担い手として想定される関係行政機関や民間企業等による、各組織や産学官の枠を超えた伴走支援が重要であり、参加者間で機微な情報も含む有用な情報の交換や協議を安心して円滑に行うことのできるパートナーシップを確立するための協議会が設置される。この協議会は、国の資金により行われる特定重要技術の研究開発等について、その資金を交付する大臣（研究開発大臣）が、基本指針に基づき、個別プロジェクトごとに、研究代表者の同意を得て設置し、構成員は、研究開発大臣、国の関係行政機関の長、研究代表者／従事者、シンクタンク等が想定される。研究開発の推進に有用なシーズ・ニーズ情報の共有や社会実装に向けた制度面での協力など、政府が積極的な伴走支援を実施し、共有される機微な情報については、協議会構成員に対して、適切な情報管理と守秘義務を求めている。

　協議会では、機微な情報の共有にとどまらず、社会実装のイメージや研究開発の進め方を議論・共有するほか、必要に応じ、規制緩和の検討や国際標準化の支援など、組織の枠を超えた協議が行われることが期待される。さらに、協議会参加者が納得する形で、技術流出対策を講じるべき対象範囲やオープン・クローズ戦略を決めていくことも期待される。

### c 指定基金

　特定重要技術の研究開発の促進と成果の活用を目的とする指定基金が指定され、資金的な支援も行われる。指定基金を用いて実施される「経済安全保障重要技術育成プログラム」（通称：

K Program）には、2021年度補正予算で2,500億円が計上された。

2022年9月16日に公表された経済安全保障重要技術育成プログラム研究開発ビジョン（第1次）では、「先端的な重要技術」について、AI技術、量子技術、ロボット工学、先端センサー技術、先端エネルギー技術に着目すること、「社会や人の活動等が関わる場としての領域」について、①海洋領域、②宇宙・航空領域、③領域横断・サイバー空間領域、④バイオ領域の4つとすることが記載されている。

### d　調査研究

このほか、政府は特定重要技術の研究開発の促進及びその成果の適切な活用を図るために必要な調査及び研究を行うものとされている。調査研究の全部又は一部を、その調査研究を適切に実施することができる者（いわゆるシンクタンクであるが、一定の基準に適合する者であり、法人に限られる）に委託することができるが、役員・職員等は守秘義務を負う。

調査研究対象の技術領域としては、2022年9月30日に公表された基本指針では、バイオ技術、医療・公衆衛生技術（ゲノム学含む）、人工知能・機械学習技術、先端コンピューティング技術、マイクロプロセッサ・半導体技術、データ科学・分析・蓄積・運用技術、先端エンジニアリング・製造技術、ロボット工学、量子情報科学、先端監視・測位・センサー技術、脳コンピューター・インターフェース技術、先端エネルギー・蓄エネルギー技術、高度情報通信・ネットワーク技術、サイバーセキュリティ技術、宇宙関連技術、海洋関連技術、輸送技術、極

超音速、化学・生物・放射性物質及び核（CBRN）、先端材料科学が挙げられている。

# 第 6 章

# サイバー空間の経済安全保障

近年、サイバー犯罪の件数及び被害額は世界的に増加傾向にあり、企業におけるサイバーセキュリティの重要性が増している。サイバー犯罪の届出件数と被害額の推移について、独立行政法人情報処理推進機構（IPA）が公表している「情報セキュリティ2022」では、2017年に届出件数30万1,580件・被害金額14億ドルであったが、2021年には届出件数84万7,376件・被害金額69億ドルにまで増加している。この増加の原因としては、新型コロナウイルス感染症をきっかけに広がったテレワーク等のデジタル化、DXの推進が考えられるが、今後もデジタル化、DXの推進が進むことから、これに伴ってサイバー犯罪の件数も増加すると思われる。また、米中対立やロシアによるウクライナ侵攻をはじめとする地政学的リスクの高まりにより、これまで以上にサイバーセキュリティリスクは高まっている。

　しかし、サイバーセキュリティと経済安全保障はどのような関係にあるのだろうか。

　既に述べたように、一般的に、経済安全保障は、①戦略的自律性の確保と、②戦略的不可欠性の確保の2つから成ると理解されているが、サイバーセキュリティと経済安全保障の関わりについても、この両側面から理解すると分かりやすい。すなわち、国民生活の隅々にまでデジタル技術が実装された現代社会においては、例えば、電気、ガス、石油、水道、通信、金融等のいわゆる重要インフラや、自国の主力産業を担う民間企業に対してサイバー攻撃が行われると、国民生活に致命的な混乱が生じかねない。例えば、海外では、米国の大手石油パイプライン会社に対するサイバー攻撃によって、石油パイプライン事業

の一時停止に追い込まれた事案があるほか、現在、ロシアから
の軍事侵攻に苦しむウクライナでは、連日、政府機関や電力・
通信インフラ等に対するサイバー攻撃が続いているとの報道が
ある。

　また、国内に目を向ければ、日本の主力産業の１つである自
動車産業のサプライチェーンや、更には病院を狙ったサイバー
攻撃等が記憶に新しい。このようなサイバー攻撃からの防御
は、日本の社会基盤を強化することで正常な国民生活の維持を
図るという点で、上記の戦略的自律性に対応するものといえよ
う。これに加えて、サイバー攻撃は、時として、企業や大学、
研究機関等が有する先端的な技術情報や知的財産の窃取を目的
として行われることがある。例えば、過去には、宇宙航空研究
開発機構（JAXA）を狙ったサイバー攻撃により、ロケット開
発情報の一部が漏えいする等の被害が発生したこともある。経
済安全保障推進法では、戦略的不可欠性の確保に向け、宇宙、
量子、人工知能、高度情報通信、バイオ等の一定の分野で特定
重要技術を指定し、研究開発を支援する制度が導入されたが、
効果的なサイバーセキュリティ対策が実行されなければ、せっ
かく時間と労力をかけて開発した技術情報や知的財産がサイ
バー攻撃を介して他国に流出してしまうという事態にもなりか
ねない。このように、サイバーセキュリティと経済安全保障は
相互に深い関係があり、効果的なサイバーセキュリティ対策が
なければ、経済安全保障は実現できないと言っても過言ではな
い。

　このような状況の中、経済安全保障推進法においても、４つ

の柱のうちの1つとして、基幹インフラの役務の安全提供を確保するための制度が導入された。

　本章では、増加の一途を辿るサイバー攻撃について、企業としてどのような体制整備を行うか（平時対応）、実際にサイバー攻撃を受けた際にどのような対応をするべきか（有事対応）という2つの視点から説明する。

## 1　平時対応

### (1)　体制整備

　2015年12月に経済産業省が公表した「サイバーセキュリティ経営ガイドライン」（なお、2023年3月24日ver.3.0が公開されている）において、サイバーセキュリティが経営問題と位置付けられ、内閣サイバーセキュリティセンター（NISC）が2016年8月に公表した「企業経営のためのサイバーセキュリティの考え方の策定について」において、サイバーセキュリティの確保が企業の経営層が果たすべき責任の1つとされたことから、サイバーセキュリティの確保は企業経営において考慮が必要となった。また、会社法上、一定の規模の会社においては、取締役会（取締役）は、内部統制システムの構築、すなわち会社が営む事業の規模、特性等に応じたリスク管理体制の構築に関する事項を決定することが求められるところ、近年、サイバーセキュリティに対応するための体制整備も、かかる内部統制システム構築義務に含まれ得ると考えられている。一方で、法令は、内

部統制システムの構築に関して詳細を定めているわけではな
く、裁判例においても、「あるべき内部統制の水準は実務慣行
により定まると解され、その具体的内容については当該会社な
いし企業グループの事業内容や規模、経営状態等を踏まえつつ
取締役がその裁量に基づいて判断すべきものと解される」と判
示されている。以下では、企業の性質に着目して政府のベン
ダー企業、重要インフラ事業者、その他の一般企業に分けて、
各企業に、サイバーセキュリティの体制整備を構築する上で参
考となるガイドライン・マニュアル等の内容を説明する。

## ⑵ 政府を顧客とするベンダー企業

　政府に対して、情報システム・機器・役務等を提供している
ベンダー企業には、①政府調達ルールと②防衛省基準という2
つの基準が主に参考になる。

① 政府調達ルール

　政府調達ルールのうち、サイバーセキュリティの観点から考
慮すべきものが、サイバー攻撃の複雑化・巧妙化に伴い2018年
12月10日に公表された、各省庁等において特に防護すべき情報
システム・機器・役務等に関する調達の基本的な方針及び手続
についての政府調達申合せである。

　この政府調達申合せは、民間企業に直接適用されるものでは
ないが、かかる基準に適合した事業者でなければ、政府調達手
続から排除される可能性があるところ、政府機関との取引を検
討している民間事業者においては、当該基準を踏まえて体制を
整備する必要があるが、政府機関と直接契約関係を有しない事

業者であっても、政府機関と取引がある事業者と契約する場合には、同基準に沿った対応を求められる可能性があるため留意が必要である。

また、2022年7月29日には、NISCから「情報システムに係る政府調達におけるセキュリティ要件策定マニュアル」が公表された。このマニュアルでは、定型設問への回答に基づき対策方針が決定され、この対策方針に基づき対策要件が決定されることとなる。政府との契約を検討している企業（更には当該企業の下請企業）としては、当該定型設問に適切な回答が行えるよう、定型設問及び対策方針決定のための判断条件をあらかじめ確認しておくことが望まれる。

② 防衛省基準

政府のベンダー企業のうち、政府に対して防衛設備等を納入する企業には、更に考慮すべき基準がある。それが、米国が採用するセキュリティのガイドラインである「NIST SP800-171」を参考に防衛装備庁により整備された「防衛産業サイバーセキュリティ基準」である。防衛省防衛装備庁装備政策部装備保全管理官付産業サイバーセキュリティ室は、2023年度（令和5年度）の契約からかかる基準が適用されることを公表している。対象となる情報は、防衛関連企業において取り扱われる保護すべき情報とされており、対象範囲となる情報は広い。対象になると、組織のセキュリティ、保護すべき情報の管理、情報セキュリティ教育及び訓練、物理的及び環境的セキュリティ、保護システムについての管理、情報セキュリティ事故等への対応、情報セキュリティ事故等発生時の対応に分けられた項目に

ついて、必要な対応を取る必要がある。

## ⑶　重要インフラ事業者

　2022年６月17日、サイバーセキュリティ戦略本部にて、「重要インフラのサイバーセキュリティに係る行動計画」（以下「主要インフラ行動計画」という）が策定された。

　「重要インフラ事業者」とは、情報通信、金融、航空、空港、鉄道、電力、ガス、政府・行政サービス、医療、水道、物流、化学、クレジット、石油の計14分野における事業者であって、重要インフラ行動計画の別紙１に記載されている者を指す。

　重要インフラ行動計画は、「重要インフラの情報セキュリティ対策に係る第４次行動計画」を基本としているものの、重要インフラ事業者の経営陣が組織の内部統制システムを構築する際に適切なサイバーセキュリティを講じる義務などを定めている。具体的には、「障害対応体制の強化」に関する事項、「安全基準等の整備及び浸透」に関する事項、「リスクマネジメントの活用」に関する事項、「防護基盤の強化」に関する事項が定められており、それぞれの事項ごとに、構築すべき内容が記載されている。適切なサイバーセキュリティが構築されていない場合には、当該重要インフラ事業者の経営者は、会社法上の任務懈怠責任を負う可能性もあるため、行動計画において記載されている義務を正しく理解し、適切な体制整備を実施する必要がある。

## ⑷　その他の一般企業

　近時は、防御が手薄なサプライチェーン（サプライチェーン
の中に組み込まれている適切なサイバーセキュリティ体制をとって
いない企業等）を標的としたサイバー攻撃が急増しており、仮
に自社がサイバー攻撃を受けた結果、取引先等に被害をもたら
した場合には、取引先等から法的責任を追及されるリスクすら
ある。そのため、サイバーセキュリティ対策は、もはや企業の
業種や規模を問わず、あらゆる企業が早急に対応すべき喫緊の
課題になっている。

　なお、企業が上場する際には、日本取引所グループ（JPX）
における上場審査基準において、上場審査がなされる。上場審
査基準には、企業のコーポレートガバナンス及び内部管理体制
の有効性等の項目が含まれており、上場を行う企業において
は、企業内のガバナンス体制を整備するためにサイバーセキュ
リティ対策を講じる必要がある。

## ⑸　経済安全保障推進法

　冒頭で述べたとおり、近年、基幹インフラに対するサイバー
攻撃が世界的に急増しているため、基幹インフラを支える重要
設備に不正なプログラムを埋め込まれたり、脆弱性に関する情
報が、外部からのサイバー攻撃に悪用されたりする可能性が高
まっている。このような懸念に対応するため、経済安全保障推
進法では、電気、ガス、石油、水道、鉄道、貨物自動車運送、
外航貨物、航空、空港、電気通信、放送、郵便、金融、クレ

ジットカードの14分野の中から特定社会基盤事業者として指定された事業者が導入する主務省令で定められる特定重要設備（設備、機器、装置又はプログラム）やその維持・管理の委託について、事前に届出をさせて、審査を行う制度が導入された。審査の結果、特定重要設備が外部から特定妨害行為の手段として使用されるおそれが大きいと認めるときは、妨害行為を防止するため必要な措置（重要設備の導入・維持管理等の内容の変更・中止等）が勧告され、勧告後10日以内に勧告を応諾するかしないかの通知が義務付けられる。勧告を受けた事業者が期限内に上記の通知を行わないとき、又は正当な理由なく勧告に応諾しないときは、措置命令が発令され、従わないと罰則が科されることになる。

## ⑹ 情報管理体制

### a 個人情報保護法の安全管理措置

個人情報を取り扱う事業者においては、個人情報保護法上の安全管理措置にも配慮した上で、情報管理体制を構築する必要がある。外国において個人データの取扱いをする企業は、安全管理措置の一環として、当該外国の個人情報の保護に関する制度等を把握した上で、本人への適切な情報提供や同意の取得その他の本人の権利の保護や個人データの安全管理のために必要かつ適切な措置を講じなければならない。また、例えば、中国では、国家情報法をはじめ、民間事業者が保有する情報に対して政府による強制的なアクセスを許容するような法令が存在するところ、各国における法令の内容を踏まえ、どの国において

個人データを保存するかについては慎重な検討を要する。

　b　改正電気通信事業法上の特定利用者情報の管理体制

　電気通信役務を提供する事業者は、電気通信事業法にも留意が必要となる。2023年6月16日に施行済みの2022年電気通信事業法改正により、「特定利用者情報」という概念が新たに設けられ、一定規模を超える電気通信事業者は、特定利用者情報を適正に取り扱うべき義務が課された。具体的には、①情報取扱規程の策定・届出、②情報取扱方針の策定・公表、③自己評価の実施、④特定利用者情報統括管理者の選任・届出といった対応が必要になる。一部個人情報保護法上の安全管理措置とも重複する点はあるが、個人情報保護法には見られない独自の規制も含まれているため、個人情報保護法上の対応をしている事業者においても、追加の対応が求められる。なお、2022年電気通信事業法改正では、上記のほかに大規模検索サービス・SNS事業者等に電気通信事業届義務を課す規定や、クッキーや情報収取モジュールの使用を規制する外部送信規律が新たに追加されている。

　c　ガバメントアクセスへの対応

　データに対する越境移転の制限、国内保存の強制、政府等公的機関から民間部門への強制的な開示要求（いわゆるガバメントアクセス）といった動きも見られるところである。

　ガバメントアクセスは、犯罪捜査、諜報活動、安全保障、公衆衛生、産業政策等の様々な目的で行われるが、昨今、特に米中において経済安全保障上の利益を確保するために、ガバメントアクセスの権限を強化する動きもあり、企業がデータの開示

を求められるリスクが増大している。

　米国のガバメントアクセス関連法令としては、政府による合法的な通信監視を可能とする外国情報監視法（FISA）や、捜査機関が海外サーバーに保存されている一定のデータに対して開示命令を行うことを認める海外データ合法的使用明確化法（CLOUD法）が挙げられる。中国においても、国家情報法やデータセキュリティ法等、様々な法令でガバメントアクセスを許容する規定が定められている。

　ガバメントアクセスが実際にあった場合又はその可能性が高まった場合等にどのように対応するべきかについて、事前に対応マニュアルを作成し準備することも重要であり、例えば、開示前に、開示要求者の身分や開示要求の法的根拠を確認すること、開示要求がなされた場合に適時・適切に、社内でその状況に関する報告が現場から責任者へ速やかに上がるようにしておくこと、開示基準、開示の範囲を最小限とすることなどを役職員に義務付け、適切な体制を整備しておくことが考えられる。

　d　セキュリティ・クリアランス

　セキュリティ・クリアランスとは、国家における情報保全措置の一環として、政府が保有する安全保障上重要な情報を指定することを前提に、当該情報にアクセスする必要がある者（政府職員及び必要に応じて民間の者）に対して政府による調査を実施し、当該者の信頼性を確認した上で国が保有する重要情報に対するアクセス権を付与する制度をいう。

　我が国では防衛、外交、スパイ防止、テロ防止といった安全保障上特に秘匿することが必要な一定の情報については、特定

秘密保護法によって、取扱者の適正評価制度が規定されている。一方で同法はその適用範囲が限定的であり、経済界からは、民間事業者が同盟国・同志国と共に先端技術開発や国際共同研究に参加するためにはセキュリティ・クリアランス制度の構築が必要であるとの声も上がっている。このような声を受けて、2023年2月22日にセキュリティ・クリアランス制度等に関する有識者会議が立ち上げられ、制度設計に関する議論が行われている。

## 2　サイバーインシデント発生時の対応

### ⑴　企業に求められる対応

　サイバーインシデントが発生した場合、企業としては、①初動対応、②原因調査、③関係省庁や取引先等のステークホルダー対応、④事後対策を行う必要がある。具体的には、①初動対応においては、被害範囲の確認、被害機器の切り離し、サービス停止有無の判断、②原因調査においては、侵害原因調査、フォレンジック業者や弁護士等の外部専門家への調査依頼、システムの脆弱性等の確認、被害の詳細確認、③関係省庁等への情報共有においては、後述の個人情報保護委員会等への漏えい報告や、取引先や顧客対応、プレスリリース対応、④事後対策においては、再発防止策の検討実施を行うことが望ましい。また、原因者が特定できた場合には、④事後対策の一環として、原因者に対する法的責任の追及も必要になるだろう。

　また、NISCでは、関係主体の組織全体の障害対応体制が有効に機能しているかどうかを確認し改善につなげていくこと等を目的として、重要インフラサービス障害発生時における一連の対応について分野横断的演習も実施している。重要インフラ事業者は、この演習に参加して、実際に整備している体制が機能するのか否かを検証し、課題の改善に取り組むことで、より実効性の高い体制を整備することができる。

## ⑵　漏えい報告

### a　個人情報保護法

　個人情報保護法においては、漏えい等があった場合において、一定の場合に個人情報保護委員会への報告義務と本人への通知義務を課している。

　例えば、マルウェアに感染して企業が取り扱う個人データが漏えいした場合や、ランサムウェア等により取り扱う個人データが復元できなくなった場合には、漏えい等した個人データの件数にかかわらず、個人情報保護委員会に報告する必要がある。そして、この報告を行う際は、個人データの漏えい等又はそのおそれのある事態の発生時を知った日（いずれかの部署が当該事態を知った時点を基準とする）から3日から5日以内をめどに、個人情報保護委員会のホームページの報告フォームから、一定の内容を個人情報保護委員会に報告しなければならないとする速報義務、及び報告対象事態を知った時から30日以内（不正アクセスやランサムウェア等による場合は60日以内）に一定の事項を個人情報保護委員会に報告しなければならないとする

確報義務があり、時限的制約に留意する必要がある。

　b　その他業法上の報告義務及び外国法

　上記に加え、各種業法によって個別の報告義務が課される場合がある点に留意が必要である。例えば、電気通信事業法では、通信の秘密が漏えいした場合に総務大臣に対する報告義務を定めている。なお、2022年電気通信事業法改正によりかかる報告義務が拡張されており、報告義務の対象として特定利用者情報が追加された。

　また、例えば、日本企業が、EU居住者に対する物品又はサービス提供に関連して個人データを取り扱う等一定の場合には、EU法であるGeneral Data Protection Regulation（GDPR）が域外適用される。GDPRの適用を受ける企業が個人データを漏えいした場合には、GDPRに従った対応（72時間以内の報告等）が必要となる点にも留意する必要がある。そして、当然のことながら、域外適用がなされる他の法域の法令についても同様である。

## ⑶　身代金支払（OFAC規制）

　ランサムウェア等によりサイバー攻撃を受けると、身代金を要求される場合がある。しかしながら、身代金を支払うことは、悪意のある攻撃者に利得を得させ、サイバー攻撃を永続させ新たな犯行に及ぶ動機付けとなり、何より身代金を支払ったとしてもデータへのアクセスが可能になるか保証されていないため、安易に身代金の支払に応じることは自重しなければならない。

　また、2020年10月１日に、米国財務省外国資産管理室（OFAC）が、「金融機関や保険会社などがランサムウェアによる身代金支払を支援した場合、罰金を科す、または刑事告発する可能性がある」とした勧告（通称OFAC勧告又はOFAC規制）を公表していることにも注意が必要である。実際、米国においては、2020年８月20日に、情報を窃取したハッカーからの金員の要求に対して、金員を支払ってしまった企業が刑事訴追されるという事案も発生しており、米国にグループ会社を有する企業は、安易に身代金を支払わないよう留意する必要がある。

### ⑷　捜査機関との連携

　企業がサイバー攻撃を受けてしまった場合、企業が独自に攻撃者を調査・特定することは難しい。そのため、万が一企業がサイバー攻撃の被害を受けてしまった場合には、必要に応じて刑事告訴を行うなどして、捜査機関と連携して調査を行うことも検討に値する。刑事告訴に際しては、攻撃者の行為が日本の法令上のいかなる犯罪類型に該当するかの検討が必要になるが、例えば、電磁的記録不正作出及び供用罪、電磁的公正証書原本不実記載等罪、電子計算機損壊等業務妨害罪、電子計算機使用詐欺罪、電磁的記録毀棄罪、不正アクセス禁止法違反、不正競争防止法違反等が考えられる。

### ⑸　関係者への法的責任の追及

　現実問題として、サイバー攻撃者を特定することは困難が伴うが、仮に攻撃者を特定できた場合には、当該攻撃者に対して

不法行為責任を追及することが考えられるほか、営業秘密の不正取得等が認められる場合には、不正競争防止法に基づく差止請求等の対応も考えられる。また、企業が外部ベンダーに対してシステム構築を委託したところ、当該ベンダーが納品したシステムに重大な不備があった結果、外部からのサイバー攻撃を誘発したという場合も考えられる。このような場合、事実関係次第ではあるものの、委託元である企業が外部ベンダーに対して債務不履行責任や不法行為責任を追及できる余地がある。過去には、当時業界で一般的に認知されていたSQLインジェクション対策を怠ったベンダーに対して、債務不履行に基づく損害賠償責任を認めた裁判例が存在する（SQLインジェクション事件（東京地判平成26年1月23日判時2221号71頁））。

## 3 サイバー空間の防衛力における日本の課題

### (1) サイバー空間における世界的な脅威の高まり

　未知の脆弱性を悪用したゼロデイ攻撃や身代金を要求するランサムウェアによる攻撃など、現在世界的にサイバー攻撃が多発している。そのような中、高度サイバー攻撃（APT：Advanced Persistent Threat）と呼ばれる、特定の組織や企業に対して、様々な手段を用いて持続的に行うサイバー攻撃も多く確認されており、とりわけ深刻な問題として認識されている。APTのような攻撃は、長期的な活動を行うための潤沢なリソース、体制、能力が必要となることから、組織的に行われている

ものと見られており、中には国家が関与しているものがあることも指摘されている。例えば、米国の情報機関は、年次脅威評価に関する報告書の中で、今後１年間に米国に襲いかかる最も直接的で深刻な脅威として、特に中国、ロシア、イラン、北朝鮮を取り上げて評価している。

このようなサイバー空間における世界的な脅威の高まりを受け、米国トランプ政権は、より積極的な対応を行う戦略へとサイバー戦略をシフトさせた上、2018 年に公表した「国家サイバー戦略（NCS：National Cyber Strategy)」において、分野別、関係省庁の縦割りでなされてきた戦略・施策を統合・整理した。バイデン政権下においても、このようなサイバー空間における積極戦略は基本的に維持されており、2022年10月12日に公表した国家安全保障戦略において、米国は、国家及び非国家主体からのサイバー攻撃を抑止することを目的とし、国家の重要な機能又は重要なインフラを破壊・劣化させる等のものを含むサイバー空間における敵対行為に対して、国力のあらゆる適切な手段を用いて断固として対応すること（すなわち、反撃行為を含め、より積極的・能動的に対処すること）を宣言している。実務部隊の充実との観点においても、米軍は、既に2018年５月にサイバー軍を統合軍に格上げし、当該サイバー軍がサイバー空間における作戦を統括しており、2022年時点において支援チームを含め計133チーム、6,200人規模の構成となっている。

これに引換え、日本の自衛隊は2021年度末に全部隊の運用を一元管理する情報通信ネットワークを守ることを主な任務とする自衛隊サイバー防衛隊が新編されたものの、その人員は2022

年時点において890名といわれており、2023年度内に2,230名に拡充される方針であることは歓迎すべきところではあるが、中国におけるサイバー部隊は17万5,000人（うちサイバー攻撃部隊は3万人）、北朝鮮ですら6,800人規模であるといわれていることに鑑みても、毎分毎秒という頻度で発生する膨大なサイバー攻撃に対抗するものとしては、部隊編成の側面のみからしても、現状まだまだ十分な取組とはいえない。2022年末に改定された国家安全保障戦略（いわゆる安保三文書のうちの1つ）に記載された通り、「サイバー安全保障分野での対応能力を欧米主要国と同等以上に向上させる」との方針が早期に実現されることが望まれる。

## (2) 日本のサイバー防衛法制の課題

　日本においては、サイバー攻撃への対抗措置を行うための法制の整備が十分ではないとの指摘がある。確かに、故安倍晋三元総理の尽力により2015年9月19日に可決された平和安全法制は、限定的とはいえ集団的自衛権の行使を戦後初めて現憲法の下で認める画期的なものであるが、同法制は基本的には物理的な攻撃ないし脅威を念頭に置いたものであり、サイバー空間におけるどのような行為や挙動をもって「武力攻撃」と判断するのか、そもそもサイバーの世界において「武力攻撃」というものがあり得るのか、などについては明らかにされておらず、むしろ、物理的攻撃ではないサイバー攻撃については、字義からしても「武力攻撃」に該当しないと解釈することが自然であり、日本がサイバー攻撃に対する防衛力を行使することは許さ

れないとの帰結となりかねない。しかし、クリミア侵攻やロシア・ウクライナ戦争でも実証されているとおり、狭義の軍事力の行使に加え、サイバー戦、情報戦、などを組み合わせたハイブリッド戦が通常となっており、サイバー戦の勝敗が戦争の勝敗を決めるともいわれている現状において、このような帰結が適切であるかを真剣に考える必要がある。そのため、サイバー空間における相手方への反撃を含む積極的・実践的防御を可能とする必要があり、そのためには、まずサイバー空間における「専守防衛」の解釈についてより柔軟な解釈について検討する必要があるだろう。

　また、反撃に関する点をおくとしても、サイバー攻撃への効果的な対処のためには、例えば、攻撃元として疑われるコンピューターにアクセス（侵入）したり、攻撃元らの通信に関する情報を収集・解析したりすることが必要な場合があるが、前者は、不正アクセス禁止法で禁止される不正アクセス行為として、また、後者は、憲法21条2項や電気通信事業法4条で保護される通信の秘密を侵す行為として、それぞれ刑事罰の対象となる可能性がある。また、例えば、情報収集を目的として、攻撃元として疑われるコンピューター内で情報収集・送信等を行うソフトウェアを作成・使用することは、不正指令電磁的記録に関する罪（いわゆるコンピューター・ウイルスに関する罪）に該当し、刑事罰の対象となる可能性がある。サイバー攻撃を全て防御することは不可能である以上、現在自衛隊が行っている自己のシステムの監視や防護のみではサイバー攻撃への対処としては不十分であることは、サイバー攻撃の実情やハイブリッ

ド戦が通常となった現代戦におけるサイバー戦の戦略的重要性に鑑みても明らかである。自衛隊がサイバー攻撃に対して機動的かつ効果的に対処できるようにするためには、上記「専守防衛」の解釈問題に加え、このような自衛隊の積極的なサイバー防衛活動に関する法律上の明確な根拠規定を創設する等し、自衛隊の活動が憲法、電気通信事業法、不正アクセス禁止法、刑法といった既存の法令違反とならないこと（このような各規制の例外として認められること）を明確化することが喫緊の課題である。

### (3)　近時のサイバー防衛力の強化に向けた動き

2022年12月16日に閣議決定された国家安全保障戦略においても、サイバー分野における抑止力の強化について盛り込まれたほか、能動的サイバー防御を導入する旨が明言された。防衛省はサイバー攻撃に対処する自衛隊の要員を2027年度までに最大で4,000人規模に増やす計画であるとの報道もあるが、勝敗を決する重要な要素であるサイバー空間の防衛力を実効性のあるものとするためにも、並行して上記法令上の制約について解決する必要がある。

なお、切り口は異なるが、2022年12月20日、経済安全保障推進法におけるサプライチェーンの強靱化支援対象の特定重要物資として、「クラウドプログラム」が指定されており、2022年9月16日に公表された「経済安全保障重要技術育成プログラム」研究開発ビジョン（第1次）ではサイバー空間領域における支援対象技術として、「ハイブリッドクラウド利用基盤技術」

が挙げられていることは、日本のサイバー防衛力を向上するに
当たって歓迎すべき動きといえよう。

# 第 7 章

有識者に聞く（後編）
──激動の国際情勢を適切に乗り切るために

　ドローンの軍事的有用性が世界的に認識され、各国において軍事ドローンの開発・配備が進んでいる一方で、日本の自衛隊においてはドローンの開発・配備が遅れており、ドローンの脅威に適切に対処できる防衛能力が欠如しているとの指摘がある。ドローンの軍事的有用性とは具体的にどのようなものであるのか、ドローンの脅威にさらされる中、日本はどのように備えるべきであるのか。

　ドローンを含む先端モビリティの社会実装や先端技術と安全保障に関する研究における第一人者である、慶應義塾大学総合政策学部の教授である古谷知之氏へ聞いた。

---

※2022年10月25日実施。役職・肩書は当時。
　聞き手：柴野相雄、白石和泰、野口真吾、友村明弘

---

## 1　ドローンの軍事的活用の歴史と各国の開発状況

**聞き手**　ロシアによるウクライナ侵攻において、ウクライナ軍及びロシア軍双方によるドローンの活用が頻繁に報道されています。そこでまず、ドローンの軍事面への活用の歴史や各国の開発状況をご教示ください。

**古谷氏**　軍事面でのドローンの活用は歴史的に古く、第二次世界大戦におけるイギリス軍による活用に端を発します。しか

し、当時は無人の戦闘機を飛ばして射撃の的にする程度のものでした。

その後、ドローンが実践投入されたのは2011年のウサマ・ビンラディンの殺害作戦です。米軍のドローンがアルカイダを偵察する中でウサマ・ビンラディンを発見し、その後の暗殺へとつなげたことで、ドローンの軍事的な有用性が世界に認識されました。戦場でドローンが本格的に使われたのは、ナゴルノ・カラバフ紛争からになります。具体的には、アゼルバイジャン軍が、人工知能やEOIRと呼ばれる偵察に必要なセンサーを搭載した、トルコ製の「TB-2」というドローンを実戦投入し、アルメニア軍の地上戦力を無力化しました。ドローンの活用といった戦術が、紛争当事国の戦略の変更を余儀なくしたことは、世界各国において衝撃をもって認識されることとなり、各国軍も、ドローンを続々と導入し始めることになりました。また、映像を撮影して公開する趣旨でもドローンが使われ、認知戦や心理戦の観点からも有用性が認識されるようになりました。

大型の軍事ドローンは、伝統的に、米国とイスラエルが主に製造していたのですが、その後中国が参入し、最近ではトルコ、イラン等の国々が国際的な軍事ドローン市場に参画するようになってきています。例えば、米国は55か国、イスラエルも56か国ほどの軍事ドローンの輸出相手国を有していますが、同様に、中国も約40か国、トルコも約15〜20か国の軍事ドローンの輸出相手国を持つに至っているといわれています。中国は、2020年頃から、軍事ドローンを人民解放軍の攻

撃の要として評価し始め、空を飛ぶドローンだけではなく、水中ドローンや水上ドローン、自律走行車両型のドローンも開発しており、今まさに台湾海峡域にドローンを続々と展開しています。

　日本政府としては、従来の伝統的なフレームでは把握できない形でドローンが使われているということは認識すべきです。また、空飛ぶドローンが注目されがちですが、ウクライナでは、無人の自律走行車両、更に水上や水中ドローンがかなり使われていることも注目に値します。実際、ノルドストリームのパイプラインの破壊については、水中ドローンが使われたと考えられています。日本へも同様に、海中ケーブルなど海のライフラインの攻撃等に水中ドローンが使用される可能性は否定できず、対処が必要と強く感じています。

## 2　軍事的活用場面におけるドローンの特徴

**聞き手**　軍事的活用場面におけるドローンの特徴について教えてください。また、今後軍事用ドローンはどのように進歩していくとお考えでしょうか。

**古谷氏**　ドローンの特徴としては、①安価なセンサーで高性能なものを製造できること、②人命損失を回避できること、③戦闘機・艦艇・戦車などと比べコストが安いこと、④自在にあるいは自律的に挙動するため迎撃が困難であること等が挙げられます。すなわち、ドローンは、情報収集から情報戦・認知戦に至るまで幅広く活用できる効果的かつ効率的な作戦

ツールであり、しかもリーズナブルな価格で配備可能であることが特徴といえます。

　今後、ドローンには人工知能の技術がより積極的に使われることになると思います。それにより、人工知能を搭載したドローン群が戦場で相互に情報連携を行い、作戦目的や戦況に合わせて自律的又は半自律的に攻撃を行うといったようなスウォーム技術の更なる進化が起こるだけではなく、状況認識・分析等の技術、すなわち、例えばドローンが検知した映像の中に、民間人と兵士双方、あるいは、民間施設と軍事施設双方が含まれている場合において、兵士や軍事施設のみを攻撃対象として抽出し攻撃を行うといった状況認識等の技術革新も進むと考えられます。

## 3　軍事面におけるドローンの活用状況

**聞き手**　軍事面におけるドローンの具体的な活用状況を教えてください。

**古谷氏**　例えば、ウクライナ軍は、通信用の衛星コンステレーションや偵察衛星による情報と、ドローンの画像を組み合わせ、GIS Artaという状況確認システムにより戦況の解析を進めています。さらに、民生用のDiiaというスマートフォン上のアプリケーションにより民間人のアップロードする情報が国防省に集約され、兵站のマッチングや索敵情報の効率化が進められています。

　また、台湾海峡沖や南西諸島沖においては、中国軍のド

ローンによる偵察が常態化していますし、日本近海では水中ドローンでの様々な偵察活動も行われているようです。

　なお、日本の自衛隊は、中国軍などによるドローンの飛来に対して、運用費用が高額なF15戦闘機による対応を強いられており、防衛費予算を大きく損耗させられているのが現状です。例えば、中型偵察用ドローン1機の運用コストが多く見積もっても1日数十万円であるのに対し、F15戦闘機2機で警戒に当たった場合には、1時間当たりでざっと約500万円もの費用がかかります。これを毎日間断なく警戒を行わなければならないとすると膨大な費用になるわけです。

## 4　日本が取るべき防衛戦略

**聞き手**　他国の軍事用ドローンの脅威に対して、日本は具体的にどのような防衛戦略を立て、実行していくべきかご意見をお聞かせください。

**古谷氏**　現代戦において、戦場のデジタル化が急速に進んでいることを強く認識すべきです。中国をはじめとした日本の周辺国は、民生用のDXを、伝統的な軍事装備と組み合わせて活用しており、既にデジタル先端技術を備えた軍事組織になっています。そのような中、日本だけが軍備のDX化ができていません。

　日本としては、仮に軍事的脅威が現実のものとなる場合には、デジタル兵器・無人兵器が日本に対する攻撃に使われることを前提に、どのように備えるかを検討することが重要で

す。

　技術導入に関しては、まず海外からありとあらゆるドローンを購入し、何が使えて何が使えないのか研究することが望ましいでしょう。ウクライナでは陸上が主戦場ですが、日本においては海上でドローンをどのように使うかを考える必要があります。具体的には、航続距離が比較的長く、中高度で飛べる偵察型のドローンが有用です。敵が攻撃してきたときにすぐに反撃できる能力を備えるドローンもあり、このようなカウンタードローンについて、どのような性能のものを持つべきであるのか、相手国の技術力を見ながら意思決定をしていくべきと考えます。

　日本がドローンの脅威に備えるに当たっては、日本におけるドローン活用に当たっての様々な法制上の制約を何とかしなければなりません。例えば、自衛隊が、基地からドローンを飛ばそうとする場合、電波法や航空法の制約を受けることになり、国交省や警察の許可を得なければなりません。技術の導入は予算さえあれば比較的容易ですが、それを活かすための法制度の整備・改正に時間を要すると思いますので、すぐにでも着手する必要があるでしょう。

## 5　日本における防衛技術の開発の方向性

**聞き手**　日本は、防衛用ドローンをはじめとする防衛技術についてどのように研究開発を進め、発展させていくべきでしょうか。

古谷氏　日本の防衛費についていえば、研究開発の予算が圧倒的に不足しているのではないかと思います。現在は、文部科学省の科学技術研究費等に従来付けられている予算の一部を防衛予算とみなすことなどが検討されていますが、このようなみなし防衛費ではなく、最初から軍事転用又は防衛用に使うことを前提とした研究開発予算を付けなければ、実質的な研究開発は進まないのではないかと危惧しています。

　日本では、米国のランド研究所のような、防衛装備を含めた技術関係の安全保障のシンクタンクが存在しないことも問題です。防衛用の研究開発・技術開発等の枠組みについても、積極的に理科学系・科学技術の専門家を安全保障のシンクタンクに登用していくことが大事だと考えています。

## 6　日本企業の心構え

聞き手　地政学・地経学的リスクが高まる中、日本企業としてはどのようにこの難局に立ち向かっていけばよいでしょうか。

古谷氏　企業の事業継続計画（BCP）等においても、防災だけでなく、戦争を意識したBCPを策定する必要があるように思います。民間防衛の仕組みを、企業なりに考えておく必要があるということです。また、国防を意識した新しい投資の振興、新しい産業の創出といった動きを日本の企業の皆様に期待しています。

## 第 2 鈴木一人 東京大学公共政策大学院教授

　AI、量子、宇宙、海洋などの安全保障上重要な技術について、外部に依存するリスクが高まる中、世界の動向を見据えて、迅速かつ機動的に技術を育てる新たな仕組みが必要となっている。このため、経済安全保障推進法では、先端重要技術の開発支援制度が新たに導入されたが、今後の日本の先端技術の研究開発はどのように行っていくべきであるのか。また、経済安全保障・地政学リスクが高まる中、日本企業はどのように対応していくべきであるのか。

　東京大学公共政策大学院教授、日本安全保障貿易学会会長を務められ、経済安全保障に関する著作を数多く執筆されている鈴木一人教授へ聞いた。

> ※2022年10月4日実施。役職・肩書は当時。
> 　聞き手：白石和泰、戸田謙太郎

## 1　先端技術開発の在り方

**聞き手**　AI、量子技術等の軍民両用の先端技術について安全保障上の重要性が高まっていることを背景に、各国が先端技術の研究開発にしのぎを削っていることを受け、経済安全保障推進法では、特定重要技術の開発支援制度が導入されました。先端技術の開発に当たり、どのような方法で行うことが

日本の防衛力を高めるために重要でしょうか。

**鈴木氏**　経済安全保障推進法において、今後は先端技術開発が一番の論点になると考えています。この点に関し、政府の注目すべき取組として、経済安全保障重要技術育成プログラム（以下「K Program」という）があります。しかし、この取組については、既にある総合科学技術・イノベーション会議との違い等があまり意識されていません。このK Programにおいて重要なのは、研究対象が軍民両用技術であるということです。また、これまでの研究開発は、最終的にどのような使い方がなされるのか分からないまま、つまりさしてニーズを把握することなく、技術シーズに資金を提供する方式でした。しかし、このK Programでは、防衛技術としてどのような使い方をするのか、といった最終的な使い方を定めた上で資金提供を行うものです。このような研究開発手法は欧米では主流になってきており、有効な手法といえます。

　このような研究開発プロジェクトを成功させるためには、いろんな分野の専門家が一緒にいろいろな方向性で試行錯誤することが重要になると考えています。日本の研究開発は、1人の天才の才覚に頼る傾向があり、これがノーベル賞の受賞には有利に働いた面もありますが、研究開発をチーム化、組織化できていない傾向があります。

　一方、例えば、中国にはノーベル平和賞を除いてノーベル賞の授賞者がいませんが、その理由は大量の人員を投入し人海戦術による研究開発を行うため、個人が埋もれてしまうことにあると考えています。このような手法の強みとしては、

１人の天才に依存しなくても何かがコンスタントに生まれてくるという点が挙げられます。

　日本のこれまでのやり方を根本的に変えるのは難しく、また、限られたリソース（資金と人員）をいずれかに集中させる必要があるので、天才中心型にせざるを得ません。このことを前提とすれば、日本の先端技術開発を成功させるためには、天才を生み出すためのメカニズムがとても重要になり、その人たちにしっかりお金を付ける支援体制が必要となります。

　また、先端技術開発に当たっては、いわゆる「オールジャパン」型の取組がよく行われてきました。しかし、同業者ばかりが集まると、ライバル企業への懸念から、他社が何をしているか、ということを見るために様子見になってしまい、あまり役に立たない人材がプロジェクトに投入されることにもなりかねませんので、注意が必要です。さらに、先端技術開発に当たっては、企業のアライアンスやオープンイノベーションも重要となりますが、そのような企業のアライアンスやオープンイノベーションを成功させるには、様々な人材をうまく組み合わせてくれるプロジェクトマネージャー（プロマネ）のような人材が重要です。米国の軍事技術研究を主導するDARPAはプロマネ人材も豊富であり、多種多様な人材をマネージしています。しかし、日本では、役所が予算の権限を独占し、下部組織のシンクタンクに任せることはないため、シンクタンクがミッションオリエンテッドなプロジェクトマネージメントを行うことが難しい状況であることも懸念

されます。

**聞き手**　日本の防衛力を強化するに当たり注目すべき先端技術としてはどのようなものがありますか。

**鈴木氏**　注目している先端技術はいくつもありますが、まず日本が追い付くべきは、数十機から数百機単位のドローンを相互連携させて制御し、集団で攻撃・防御させるスウォーム技術でしょう。スウォーム技術は、ロボティクス、アルゴリズム、AI等の様々な技術の組合せでできています。また、AIや量子技術との相性がよく基礎研究の広がりもあるという点でも重要です。オリンピックの開会式でも利用されたような、あらかじめプログラミングすることによってドローンの集団飛行を実現させることは比較的簡単ですが、他の機体と連携し、AIによって自律的に集団飛行をさせたりすることは難しく、高度な技術の開発が必要です。日本は複数のロボットを同時に動かす制御系の技術分野が進んでおり、既に基礎的な技術力はありますので今後の研究開発に期待したいところです。

　このほか、極超音速ミサイルの防衛技術も極めて重要です。弾道ミサイルの場合は着弾場所を計算して撃ち落すことが比較的容易ですが、極超音速ミサイルの場合は、音速の5倍以上と速度も速く、低い高度を飛行し、速度や方向を変えて飛行するため、探知や迎撃は困難です。そもそも、ミサイル防衛体制を構築するためには、世界中のミサイル発射を衛星により探知する必要があり、また、仮に発射を探知できたとしても、衛星間で超速度の通信速度により瞬時にデータを

転送するデータリレーを行う必要もあります。日本として
は、少なくともロシア、中国、北朝鮮からのミサイル発射を
想定して 3 地域をカバーしないといけませんが、日本の衛星
だけでカバーすることはできませんので、米国の協力を得る
必要があります。そのために、日本が日米協力の中で貢献、
勝負できる技術は何なのかを考えていく必要があります。

## 2　日本企業に求められる経済安全保障リスクへの対応と台湾有事への備え

**聞き手**　グローバルに活動する多くの日本企業が、米中のはざ
まで、更には経済活動と安全保障という 2 つの要素の間で、
どのようにバランスを取ったらよいのか、その不透明性と事
業への影響に苦悩しています。このような状況を踏まえて、
日本の企業はどのように対応すべきか、どのように情報収集
をし、リスクとコストのバランスをどう取ればよいのかにつ
いて、お考えをお聞かせください。
　　また、台湾有事のリスクへの対応や日本の企業として中国
との向き合い方について、お考えをお聞かせください。

**鈴木氏**　決まった型はありませんが、企業としては、まずは己
を知ることが重要です。まずは自社のサプライチェーンの周
りで起きていることを知る必要があります。経済安全保障の
観点からの対応を考えるときには、現地の法律を遵守してい
ればよいという発想では駄目で、地政学的な事業への影響を
広く考える必要があります。日本企業におけるアウェアネス

は高まってきつつありますが、まだまだやるべきことはたくさんあります。

　また、経済安全保障リスクに対応するために、経済安全保障推進室を作るべきかどうかについて悩まれる企業も多いですが、このような推進室やタスクフォースにおいて、総務、人事、情報セキュリティ、輸出管理を含めた様々な観点から経済安全保障のリスクを検知して、経営陣に報告して対応を取る体制を構築することは決定的に重要だと思います。推進室やタスクフォースを作って終わりになってしまうことは避けなければなりません。

　企業が経済安全保障上のジレンマに陥るときにどちらの選択を重視するか、地経学に基づき考え続けるしかありませんが、その判断について評価する明確な基準がないことに難しさがあります。経済安全保障の問題は、原発事故や抑止と同じで失敗して初めて分かることもあり、普段何も起こっていないときにはあまり実感を得られません。今何も起こってないことの原因を説明するのはとても難しいのです。例えば、日本がなぜ平和なのかについて問われた場合に、憲法9条のおかげと言う人もいれば、米国の核の傘があるからと言う人もいますが、誰もが納得するような明確な根拠を持って正解を導くことは困難でしょう。

　次に、台湾有事のリスクへの対応についてですが、中国の建国100周年となる2049年までに台湾有事があるかというスパンで考えれば、台湾有事がある可能性が高いと考えています。中国にとって台湾は国共内戦の相手だった国民党が逃げ

て行った先であり、台湾有事が内戦であることを否定し難い
のも事実です。また、台湾はウクライナと異なり、国際的に
は国家として認められていません。これらの点で、ロシアに
よるウクライナ侵攻と台湾有事は異なります。当面は中国に
とって軍事侵攻のコストが高いため、台湾有事のリスクは低
いと考えますが、中国の軍事力が米国を凌駕して自信を持っ
た場合には台湾有事が現実化する可能性があります。

　10年待てば、中国でも人口減少が始まり、台湾有事のリス
クが減るのではないかという見解もありますが、人口が減れ
ば国力が減るという単純な話ではありません。中国は中所得
国の罠を避けるため、ハイテク産業、高付加価値産業への転
換を図っており、これまでのところ想定どおりにうまくやっ
てきています。かつての中国は人海戦術に頼ってきました
が、半導体にしても通信機器にしても、技術革新が進み人手
が少なくなっても対応できるようになっているため、人口減
少が台湾有事のリスクを下げる要因にはならないでしょう。

　2024年に台湾で総統選があり、次の総統が台湾独立を主張
し始めたら、軍事侵攻のリスクが高まるという見解もありま
すが、それだけでは台湾有事の大きなトリガーにはならない
と考えています。台湾の国際法的な地位を決めるには国家承
認が必要となるため、台湾だけが一方的に独立を主張しても
国際社会に認められない可能性があります。例えば、コソボ
は独立していると主張していますが、ロシアが賛成していな
いため国際的には承認されていません。台湾の独立が国家承
認されない限り、それだけでは軍事的な侵攻までには発展し

ないでしょう。

　戦争を行うには準備にもかなりの時間がかかるため、通常は偶発的に起こる戦争はないと予想していますが、台湾有事がいつ起こるかについては、中国の軍事力の増強の程度、米国の政権の方針等の様々な変数で確率が変わってくるため、予想することは極めて困難です。

　いずれにせよ、企業としては、2049年までに台湾有事が起こる可能性があると想定して、頭の体操はしていく必要があります。台湾有事が起きた場合に操業を続けるのか、撤退するのか。従業員の退避や安全をどう確保するか。政府とのすり合わせをどのように行うのか等の対応事項を洗い出し、非常用のプランを作成して対応訓練を行っておくべきでしょう。

　実際に台湾有事が起きた場合には、企業は立場をはっきりすることが重要です。ウクライナ侵攻によるロシアへの制裁についても、日本は2014年のウクライナ紛争の頃とは異なり、サハリン１、２への対応を除いて欧米諸国によるロシアへの制裁と歩調を合わせる形で参加しています。2014年のウクライナ紛争の際は、当時の安倍元首相が北方領土問題を解決するためにロシアとの平和条約を優先していたため制裁に対応せず、結果としてロシアだけが利益を得る結果となってしまいましたが、2022年のロシアのウクライナ侵攻に対して、岸田総理がロシアとの交渉を切って制裁に参加した点は、英断であったと思います。

　国際紛争においては、先に武力行使した側が悪と考えざる

を得ず、武力行使をした瞬間にノーと言う必要があります。日本もこのように行動しないと、同盟国や国際社会の信頼を失うことにもなりかねません。このため、日本企業も、日本政府が制裁に参加した場合、対抗措置を採られたり、最悪の場合には国交断絶されたりすることも想定する必要があります。この場合、日本企業の資産が凍結されたり、輸出管理措置が発動されたりすることは普通に起こるでしょう。そして、中国漁船衝突事件をきっかけとした中国によるレアアースの日本への輸出管理強化といった過去の経験も踏まえれば、日本政府が採った制裁措置よりもはるかに強い中国の対抗措置が採られる可能性も念頭に置く必要があります。

## コラム　自動車産業の経済安全保障

杉浦　孝明（三菱総合研究所）

## 1　世界的に広がるエネルギー・食料危機

　世界では、ロシアのウクライナへの侵攻によりエネルギーや食料などの資源価格が高騰している。特にヨーロッパでは、天然ガスのロシアへの依存度が高かったため、天然ガス及び天然ガスを燃料とする電力価格の高騰が目立った。エネルギーのみならず、ロシア、中国への依存度が高かった木材や金属資源などの高騰も目立ち、一般家計への影響はもちろんのこと、製造業や建築業など産業分野における仕入費用の増大や調達の困難さにつながっている。

　日本では、エネルギーはもちろんのこと、食料や木材、金属資源など、国内で必要な資源需要のほとんどを輸入に頼っているのが現状である。特にこのような資源は、少数の資源保有国において、又は資源メジャーや特定の少数企業によって生産が寡占状態にあることも多く、また資源保有国の資源ナショナリズムや政治情勢等のカントリーリスクによって供給が途絶えてしまうおそれがあり、輸入に依存する日本はそのリスクに数多く直面してきた。そして、近時の経済安全保障の意識の高まりを背景に、日本は資源のサプライチェーンを強靱化する必要に迫られており、海外諸国との友好関係の構築、外交、国際連携

が極めて重要となっている。特に2020年以降、顕著となっている自由主義や基本的な人権を尊重する同じ価値観を有する米国や西欧諸国、オーストラリアなどとの連携が重要となり、さらには、資源確保の観点からもアジア諸国、中東、アフリカ、南米などに位置する国々との友好関係の構築、経済的な結び付きの強化が求められることとなる。

## 2　日本の輸出産業の脆弱性

　エネルギーや食料を輸入に頼らざるを得ない日本においては、貿易により外貨を獲得しなければ、国民生活や経済的安定を確保することが困難である。しかし、資源価格の高騰や円安などの経済的要因もあり、直近では、貿易収支がかなり悪化しており、特に2022年になってからは、1月～3月期でおよそ2兆円の赤字、4月～6月期では4兆円の赤字となっている。

　一企業の視点に立った場合においても、国内企業の成長のためには、内需型の製品・サービスから脱却し、グローバル市場に展開できる輸出産業としていくことが重要となる。

　しかしながら、日本の輸出産業の現状を振り返ると危機感を感じざるを得ない。1970年代以降、電機・機械など製造業を中心に輸出産業が成長し、日本の成長期を支えた。ジャパン・アズ・ナンバー1の標語が聞かれた80年代、90年代は、電機製品や自動車などの分野で、高い性能と壊れにくい品質で、日本製品は世界の市場を席捲し、日本メーカーのブランド力は世界中に知れ渡った。この80年代、90年代には、製造業だけでなく、

金融、不動産などの業種も積極的に海外に進出し、ニューヨーク、マンハッタン中心部の有名不動産も日本企業が買収するなど日本産業の強さを象徴するニュースが数多く聞かれた。

ところが、おおむね2000年以降になって状況は一変する。電機・機械など多くの製造業分野において、安価な労働力により韓国・中国企業が台頭した。携帯電話などのIT機器、通信機器や薄型液晶が中心となったテレビの分野では、韓国のサムスン社などが世界で高い評価を受けた。また、冷蔵庫などの、いわゆる白物家電の分野では、中国企業が国際市場を席捲し、2010年以降になると、日本の電機産業は、ほとんど国際舞台での市場を失った。最終製品だけでなく、かつて日本が強みを誇った半導体についても、今や台湾企業、韓国企業の強さが目立ち、日本企業が製造するのは、メモリ、センサ系やパワー半導体など特定の分野の半導体のみとなってしまった。

2023年の現在、日本の輸出産業において、外貨を獲得することができる商品、サービスは、自動車のみとなってしまった。もちろん、政府もこの状況の打開を重要課題として、各種の政策を実行している。新型コロナウイルス感染症で一時的に減少してしまったが、日本を訪れる外国人観光客は加速度的に増加しており、日本各地で大きな観光消費を生んでいる。また、アニメやゲームの分野では、日本製品の評価が高く、海外で市場を拡大しつつある。

とはいえ、今後も技術革新や成長が見込まれ、世界中で大きな市場を獲得でき、更に国内で多くの雇用を生むことができるのは、やはり製造業やIT産業の分野であり、この分野の産業育

成が急務とされている。

## 3　自動車産業の経済安全保障

　日本の主要商品の輸出額のうち、自動車は16兆円で全体の20.7％（2019年）を占めている。正に、自動車産業は日本の輸出製品の柱であり、エネルギーや食料を輸入する外貨を稼ぐために、経済安全保障上も最重要の産業と言っていい。この日本の自動車産業に100年に一度のパラダイムシフトが訪れ、大きな変革が迫られている。

　世界的に、気候変動への対応が大きな話題となっており、先進国諸国を中心に、環境規制の強化、自動車の電動化シフトといった政策が急速に押し進められている。日本政府も2050年までに温室効果ガスの排出を全体としてゼロにすること（カーボンニュートラル）、2035年までに新車販売で電気自動車100％を目指すことを宣言している。

　現在、日本で市販されている自動車は、モーターと電池を組み合わせたハイブリッドも多く販売されているものの、ハイブリッドを含めてガソリンやディーゼルなどの揮発油を燃焼するエンジンを有した内燃機関を動力源とするものがほとんどであり、純粋な電池とモーターのみで走行するEV（以下Battery EVの略として「BEV」と表記する）の市場シェアは、国内ではまだ非常に低い。

　$CO_2$削減が世界的な潮流、トレンドであり、この流れに日本の産業も乗らなければならないという認識の下に、自動車業界

の各社は、BEVをはじめとした電動化モデルを展開することを積極的に表明している。一方で、$CO_2$削減とともに、日本の基幹産業である自動車産業の更なる発展、経済規模の拡大も見据える必要があり、課題解決への道のりはシンプルではない。ここで、我々のゴールは、飽くまで$CO_2$の削減や$CO_2$削減を実現する中での経済発展であり、例えば全ての市販車両をBEVにするというような単一解の達成ではないことを再認識したい。

このようなゴールを再認識すると、本当にBEVは$CO_2$削減の唯一の解なのかという論点が浮かび上がる。現在、世界的にも脱炭素＝BEVであり、BEVこそが脱炭素の象徴のように取り上げられている。もちろん、化石燃料の代わりに電気を充電してモーターで走行するため、走行する段階では$CO_2$が出ないのは明らかである。

一方で、BEVも本当に$CO_2$を出していないかというと、もちろん$CO_2$の排出がゼロではない。BEVについては、大きく２つの段階で$CO_2$は排出されている。１つは、車両を製造する段階である。特にバッテリーを製造する過程においては、リチウムイオンバッテリーを製造するために原材料となるリチウムやコバルト、マンガンなどの希少金属を多く使う必要があるが、これらの金属は採掘・精製する段階で多量の$CO_2$を排出することになる。

更にもう１つは利用する電力を発電する段階である。電気を利用して、充電して走行するとはいえ、その動力源となる電気を発電するのに化石燃料を利用して発電している場合、当然$CO_2$が排出される。もちろん、必要な電力全てを太陽光発電や

風力発電など自然エネルギーから得られる再生可能エネルギーや原子力で賄うことができれば$CO_2$の排出はゼロに近いが、現実的に日本においても他国においても再生可能エネルギーなどで全ての電力を賄うことができるめどが立っているとは言い難い。

このようにBEVであっても、製造段階や電力発電段階で$CO_2$が発生することも想定され、必ずしもBEVにすれば全てが解決するということでないことが分かる。

第2に、BEVは$CO_2$が発生しにくいと仮定しても、リチウムや正極材として使われる希少金属など特定金属資源への依存度が高く、経済安全保障上のリスクが高い点。例えば、BEVの車載用電池は、正極と負極の素材が性能を大きく左右するが、現在、主流となっているリチウムイオン電池の正極材料は、希少金属であるコバルトが不可欠となっている。しかし、このコバルトの世界生産量は、DRコンゴが約3分の2（2018年）を占めており偏在が顕著である。DRコンゴは、コバルトの採掘に数多くの児童を働かせているとして、「ビジネスと人権」という観点で問題視されているほか、政情も不安視されている。コバルトは埋蔵が確認されている資源に限界があり、BEVの急速な拡大で大量に採掘されれば、資源が一気に枯渇する懸念がある。

また、BEVの駆動用モーターについて見ると、現在、主流となっている永久磁石式では、ネオジム等のレアアースが不可欠となっている。レアアースは、世界の生産量の70%を中国が占め、中国のレアアースの埋蔵量と生産量は世界最大であり、

2019年には中国のレアアース輸出の88％が 5 か国向けに輸出され、そのうち、日本が36％、米国が33％、オランダ・韓国・イタリアが19％を占めており、資源の偏在性が顕著となっている。

　今後、EVシフトが進む中で、永久磁石用途のレアアースの世界需要は2017年から2027年の10年間で 2 倍になると見込まれている。また、主要国でレアアースの争奪戦が激化しており、日本が電気自動車を製造するための資源を調達できなくなることが懸念される。

## 4　本質を見失わないこと

　世界的な温暖化対策は人類にとって非常に重要な課題である。ただ、ここで見失うべきでない重要な事項は、本当の目標は、自動車をバッテリーとモーターだけで走行するBEVに転換させることではなく、飽くまで$CO_2$の排出量を下げることにあるということである。実態として、あらゆる産業で$CO_2$を完全に出さない仕組みを作るためには多くの技術革新と時間が必要であり、排出する$CO_2$と自然界を含め吸収される$CO_2$の差を減らし、実質的な$CO_2$排出量を可能な限り減らしていくこと、更にはそのバランスを取ることで究極の姿としてのカーボンニュートラルを実現することをステップバイステップで実現していくことが重要である。

　BEVにすることでなくとも、$CO_2$を削減することが重要であれば、ハイブリッドを含め日本には多くの燃費改善、つまり低

炭素技術が存在しており、これら日本企業の強みを生かした製品のグローバル展開や国際的なルールメイキングを主導することが望まれるところである。

日本の自動車メーカーのハイブリッド技術は、世界でも$CO_2$削減効果が高い技術である。非常に燃費効率が良く、また安価にその仕組みを消費者に届けることができる。また、多くの製造過程で多くの$CO_2$を排出する電池などについてもそれほど大きな容量の電池を搭載しないため、環境にも優しい技術といえる。

安価かつ環境に優しく小型のモビリティを提供する製品としては、日本には軽自動車の技術がある。もちろん内燃機関は利用しているが660ccという極めて小型の内燃機関で、走行性能や安全性能も良く、乗り心地も良い。こうした軽自動車は、BEVの充電インフラが充分に整備されていない途上国での経済発展にも大きく寄与すると思われる。

2023年3月25日、EUの欧州委員会とドイツ政府は、二酸化炭素と水素で製造する合成燃料e-fuelを使用するという条件で、2035年以降も内燃機関車の新車販売を認めることで合意したことを発表した。合成燃料e-fuelは高価で貴重なため、低燃費のハイブリッド車の重要性がますます高まることも予想される。

こうしたハイブリッド技術や軽自動車など、既存の日本のすばらしい技術について、低炭素という国際目標への貢献が大きいことを世界に広くアピールし、BEVだけが唯一の解ではないことを示し、国際的なルールメイキングを主導し、日本企業の

市場獲得をより広げていくことが世界にとっても、日本にとっても非常に建設的であろう。

変化する経済安全保障環境

# 1 企業の役職員に求められること

　ここまで読み進めてくださった読者の皆様は、経済安全保障として対応すべき法的リスクを具体的にイメージできるようになられたのではないだろうか。

　本書の目的は、「経済安全保障」という言葉はよく聞くものの、具体的に何についてどのように対応したらよいか分からないとお考えの企業の皆様に、対応すべき法的リスクの全体像を示すことであった。そのため、本書では、①投資局面、②製造販売局面、③研究開発局面、④サイバー空間という4つの場面ごとに認識すべき法的リスクについて、あえて細かい法的な議論は捨象し全体像を示すことを心掛けた。

　また、全体像をより多角的、立体的に説明するため、政界、学術界、産業界の有識者の方々の幅広い知見を取り入れさせていただいた。高市早苗経済安全保障担当大臣をはじめ、経済安全保障の第一線でご活躍されている有識者の方々へのインタビューは、日本を取り巻く国際情勢を踏まえた、日本が直面する経済安全保障の課題を浮き彫りにしてくれ、また、三菱総合研究所に所属する2名の経験豊富な研究員による半導体、自動車といった正に経済安全保障のど真ん中にある二大業界に関するコラムは、今そこにある危機を、読者の皆様の頭の中にリアルに描き出してくれたものと信じている。

　ロシアによるウクライナへの侵攻やエコノミックステイトクラフトの横行等により、グローバリゼーションの進展によって

平和で安定した世界が実現できるという考え方が修正を余儀なくされていることはこれまで述べてきたとおりであるが、不安定な世界情勢の中で日本企業が最も影響を受け、注視すべきは疑いようもなく米中対立の動向である。

　2023年2月初旬に予定されていたブリンケン国務長官の訪中によって、米国の対中強硬路線が修正されることを期待する向きもあったが、米国上空に飛来した中国の偵察用と見られる気球を米国が撃墜した事件をきっかけに訪中が延期され、そのような期待はかなわなかった。その後、2023年6月20日にようやく訪中は実現し、対話継続についての合意はなされたものの、台湾問題についての中国の姿勢は変わらず、米中双方の軍の対話も再開させることはできなかった。本書の執筆を始めた2022年夏以降、脱稿に至る2023年6月に至るまでの1年弱の間においても、米国は、民主党・共和党を問わず連携可能な共通のアジェンダとして対中強硬政策を継続している。具体的には、先端半導体産業支援と合わせて中国等向けの投資・共同研究等を規制するCHIPS法の制定・施行、輸出管理規制の対象となるエンティティリストへの中国企業の断続的な追加等、米国によるディリスキリングのための対中政策が引き続き押し進められている。

　その一方、中国は、反スパイ法を改正（2023年7月1日より施行）し、スパイ行為の客体を、国家機密情報だけでなく、その他国家の安全と利益に関係する文書、データ、資料、物品にまで拡大させる等（「国家の利益」につながる民間企業が有する技術情報なども含まれ得る）取締りの強化を図るとともに、反外

国制裁法や信頼できないエンティティリストに基づいて、米国の高官や軍事企業等に対する制裁を強化している。

このように、米中対立の深刻度や国際情勢の不透明感は増しており、緊迫した世界情勢下における経済安全保障の重要性は、本書の執筆メンバーに日々持ち込まれる経済安全保障関連案件の問合せや案件の増加が如実に物語っている。序章においても触れたとおり、このような不安定な世界情勢、とりわけ米中対立が先鋭化する状況においては、企業の役員等は、善管注意義務として、①経済安全保障に関するしかるべき調査及び正確な情報を収集する体制を整備すること、②行った調査及び収集した情報に基づき適切な（合理的な）判断を行い、業務を遂行することが当然に求められる。役員等は、経済安全保障に関する法的リスクに対応しないことが、株主代表訴訟リスクや投資家その他のステークホルダーからの厳しい評価を招き、自己の進退にも影響しかねないことを常に意識する必要があり、その結果、役員等を補佐する立場の従業員らも経済安全保障を同様に意識した業務遂行が求められることになる。外国のエコノミックステイトクラフトによって被害を受けたり矢面に立たされたりすることになるのに民間企業である以上今や企業人である誰しもが、他人事ではなく自分事として経済安全保障を意識し実行しなければならない立場に置かれている。

その中で、経済安全保障対策としてまず行うべきは、具体的なリスクの洗い出し（マッピング）である。日々刻々と変わる世界情勢の下では不断の見直しが必要となるところではあるものの、まずは一度、自社における重要なデータの所在・流れの

把握を行うとともに、それを前提とした具体的なリスクを洗い出し、事業活動のどの部分にリスクが存在するかをマッピングする必要がある。リスクの洗い出しに当たっては、発生可能性と発生時の影響度を掛け合わせてリスクの大小を算出することが有用であり、限られた社内の予算や人的資源に鑑み、優先度の高いリスクの大きいところから対応策を検討し、逐次実践していくことになる。

　もっとも、リスクの分析と対策は、企業の規模、事業を行う産業分野、保有する技術・データ、サプライチェーンや海外拠点の状況等の個別具体的な事情によって大きく異なる。また、経済安全保障に関するリスクを検討するに当たっては、順次改正される各国の様々な法令を調査、分析、検討することが不可欠であり、自社のみで対応することには限界があることに加え、合理的な判断を行うためには、第三者的な視点を入れることも重要である。

　本書の執筆メンバーである各弁護士・弁理士は、以下のような経済安全保障関連の支援を日々行っており、様々な産業のクライアント向けに、個別具体的な経済安全保障リスクの分析、対応策についてサポートを行っている。このサポート範囲を見ると、契約書チェック、裁判や特許出願など弁護士や弁理士としての古典的な業務範囲から比べれば、より広い内容をカバーしたものであることがお分かりいただけると思う。これは、官公庁出向等の多様なバックグラウンドを持ちつつ、産・政・官・学の最前線の方々との議論を日々行い、チームとして最新の情報を把握し、専門性と視野の広さを保っているからこそ可

能となるものである。その意味で、我々は既存の弁護士・弁理士の概念を超えることも躊躇せず日々の業務に取り組んでいる。ささいと思われることでも、悩みや不安があれば是非とも積極的にお声掛けいただきたい。

【経済安全保障関連サポートメニューの一例】

**先端技術管理（輸出管理・経済制裁・投資規制対応）**

〈横断事項〉

1．ハスクマッピングへ支援

2．各国法令・規制の調査及び対応

3．最新情報の提供（カスタマイズドニュースレター）

4．エグゼクティブ向けセミナー・従業員向けセミナー

〈個別事項〉

日本、米国、欧州、中国等における法令、ガイドライン及び実務を踏まえた以下の対応。

1．技術データのマッピング支援

2．輸出管理に関するグローバル社内規程の策定・修正

3．取引先との契約書作成（法令順守条項、解除条項等）

4．政策立案（ルールメイキング）支援（外国の公聴会、法令等のパブコメ対応）

5．各種有事対応（当局からの調査・聴聞対応、任意的な報告対応）

6．労務・研究者管理（みなし輸出対応）

7．投資規制・独禁法等の観点からの投資（M&A等）に関

する事前アドバイス

8．投資（M&A等）に関する義務的な届出、任意的な届出（対CFIUS等）の対応

9．知財戦略（（秘密）特許戦略、営業秘密管理に関するアドバイス、戦略立案、各種規程の策定・修正）

10．実装後のフォローアップ（定期的な見直し支援）

---

**大学・研究機関、企業研究開発部門における研究インテグリティ対応**

〈横断事項〉

1．各国法令・規制の調査及び対応

2．最新情報の提供（カスタマイズドニュースレター）

3．エグゼクティブ向けセミナー・従業員／職員向けセミナー

〈個別事項〉

1．マスタープラン（基本方針、社内規程・マニュアル）、契約・雛形等の策定・改正対応

2．研究者・機材等のバックグラウンドチェック（調査対応）

3．自社レポートに基づく廉潔性チェック

4．実装後のフォローアップ（定期的な監査支援）

**人権関連規制対応**

〈横断事項〉

1．各国法令・規制の調査及び対応

2．最新情報の提供（カスタマイズドニュースレター）

3．エグゼクティブ向けセミナー・従業員／職員向けセミナー

〈個別事項〉

1．マスタープラン（基本方針、社内規程・マニュアル)、
　契約・雛形等の策定・改正対応

2．人権DD（ヒアリング、レポート、対応）

3．内部通報制度構築

4．実装後のフォローアップ（定期的な監査支援）

5．各種有事対応（各種ステークホルダーからの質問対応、
　SNS炎上対応、その他インシデント対応)

※EU及び欧州各国（特にドイツ）、米国、日本等を想定

---

**サイバーセキュリティ・データガバナンス**

〈横断事項〉

1．各国法令・規制の調査及び対応

2．最新情報の提供（カスタマイズドニュースレター）

3．エグゼクティブ向けセミナー・従業員／職員向けセミナー

〈個別事項〉

1．マスタープラン（基本方針、社内規程・マニュアル)、
　契約・雛形等の策定・改正対応

2. サイバーセキュリティ構築支援、コンサルティング

3. データガバナンス体制構築支援（規程等の策定、実装）

4. ペネトレーションテスト、システムの脆弱性チェック

5. 各種有事対応（漏えい、インシデント対応）

6. 実装後のフォローアップ（定期的な監査支援）

## 2　謝　　辞

　大変お忙しい中、快くインタビューや原稿の執筆・チェックに応じていただくなど多大なご協力をいただいた、高市早苗氏（経済安全保障担当大臣）、谷内正太郎氏（初代国家安全保障局長・富士通フューチャースタディーズ・センター理事長）、鈴木一人氏（東京大学公共政策大学院教授）、古谷知之氏（慶應義塾大学総合政策学部教授）、杉浦孝明氏（三菱総合研究所インダストリ・マネージャー）、為本吉彦氏（三菱総合研究所インダストリ・マネージャー）、当初よりこの企画にご賛同いただき、そして最後まで辛抱強く伴走してくださった一般社団法人金融財政事情研究会の野村新様に、この場をお借りして改めて心からの感謝を申し上げたい。

　読者の皆様が、今や不可避となった経済安全保障に伴うリスクに適切に向き合い、自社の利益を最大化しつつ、いざという時のリスクを低減する対策を構築するに当たり、本書がその一助となれば幸いである。

## ■ 著者略歴 ■

### 弁護士　柴野　相雄（しばの　ともお）

2002年弁護士登録。2016年慶應義塾大学法科大学院非常勤教員就任、2022年6月デジタル庁技術検討会議ガバメントソリューションサービスタスクフォース専門委員就任。知的財産、インターネット、データ・情報等を主な取扱分野とする。近時の主な著書として、『個人情報管理ハンドブック〔第5版〕』（商事法務、2023年）等がある。

### 弁護士　山郷　琢也（やまごう　たくや）

2009年弁護士登録。総務省総合通信基盤局への出向経験を有し、経済安全保障、電気通信、IT、データ保護等を主な取扱分野とする。「情報通信行政・郵政行政審議会電気通信事業部会ユニバーサル委員会」等複数の有識者会議において構成員を務める。主な著作・セミナーとして「電気通信と経済安全保障」（電気通信 Vol.86 No.912、2023年）などがある。

### 弁護士　上野　一英（うえの　かずひで）

2009年弁護士登録。経済産業省通商政策局通商機構部にて、CPTPP等の通商交渉、及びWTOにおける紛争解決手続を担当（2015〜2017年）。専門は国際通商法及び関連する企業取引、紛争等。SEMICON Japan 2022にて「対中規制、通商規制の最新動向」と題する講演を実施。その他モデレーターを含め、講演・執筆等多数。学習院大学非常勤講師（2019年〜）。

### 弁護士　戸田　謙太郎（とだ　けんたろう）

2010年弁護士登録。経済安全保障、国際通商、ビジネスと人権、海外贈収賄規制等を主な取扱分野とする。2022年に日本経済新聞社の「企業が選ぶ弁護士ランキング（国際通商・経済安保分野）」9位にランクイン、The Legal 500 Asia PacificのAntitrust and competition分野では、2020〜2023年に、Next Generation Partners に選出される。主な論文・著書に「米中覇権争いによる外的環境の変化と日本企業に求められる適応」ビジネス法務22巻9号（共著、2022年）、『個人情報管理ハンドブック〔第5版〕』（商事法務、2023年）、『独占禁止法の実務手続』（中央経済社、2023年）などがある。

弁護士　**友村　明弘**（ともむら　あきひろ）

2010年弁護士登録。経済安全保障、知的財産等を主な取扱分野とする。日系企業にて弁理士として知財実務に従事後、弁護士として特許訴訟、ライセンス交渉等の案件に携わる。米国留学、米国・ドイツ・中国の法律事務所・特許事務所での実務研修を経て、標準必須特許をはじめとする特許その他の知的財産に関するセミナーや執筆を多数手掛ける。

弁護士　**石田　晃大**（いしだ　こうだい）

2020年弁護士登録。経済安全保障、電気通信、IT、データ保護、スポーツ法務、知的財産等を主な取扱分野とする。主な著作・セミナーとして、「経済安全保障・具体化された措置の運用開始〜自社に即した分析と対応を〜」（共著、会社法務 A2Z 2023年1月号 No.188）、「「クッキー規制」導入で対応が急務　改正電気通信事業法」（共著、ビジネス法務2022年10月号25頁）、「改正電気通信事業法の概要と実務への影響（全三編）」（共著、Business Lawyers、2022年9月）、「経済安全保障とグローバル・リスクマネジメント」（共著、会社法務 A2Z 2022年7月号 No.182）などがある。

弁護士　**山田　怜央**（やまだ　れお）

2022年弁護士登録。コーポレート関連業務に従事しつつ、防衛・経済安全保障関連業務を行っている。経済安全保障に関するセミナーとして「2023年最新版日米中における経済安全保障の動向と日本企業に求められる実務対応〜経済安全保障に潜むリスクマネジメントの強化〜」（ウエストロー・ジャパンとの共催セミナー）などがある。

弁護士　**永峰　太郎**（ながみね　たろう）

2022年弁護士登録。スタートアップ支援、特許、ヘルスケア法務等を主な取扱分野とする。コーポレート関連業務に従事しつつ、特許プラクティスグループに所属し、関連業務を行っている。

弁理士 **伊藤 健太郎**（いとう けんたろう）

情報通信技術分野における特許の戦略的な取得及び活用を専門としている。特に、AI、ロボティクス、宇宙関連、量子コンピュータ等の先端分野において、国内外の特許出願・特許訴訟のほか、知財や技術の調査分析、知財トランザクションなどを取り扱う。講演・執筆等多数。


**為本 吉彦**（ためもと よしひこ）

株式会社三菱総合研究所営業本部インダストリ・マネジャー［生活産業］
製造業・サービス業の業務改善・改革、情報・システム活用等のコンサルテーションに従事。SCM改革、営業力強化などの企業経営・業務改革・システム導入プロジェクトを担当。新規事業領域の計画策定・立上げ、新営業・アライアンス体制の構築・運営を担当後、新規事業開発・マーケティング（機械学習・Industrial IoT 等）業務に従事。一橋大学大学院社会学研究科客員助教授、明治大学商学部特別招聘教授／商学研究所特任研究員等を兼務。著書に『スマート・シンクロナイゼーション』（共著、同文舘出版）、『IoT まるわかり』（日経文庫）、『ビジュアル版 IoT 入門』（共著、日本経済新聞出版社）など。


**杉浦 孝明**（すぎうら たかあき）

株式会社三菱総合研究所営業本部 インダストリ・マネージャー［自動車、通信、放送、コンテンツ］
ITS（Intelligent Transport Systems）、カーライフスタイル、自動車を起点としたビジネスおよび情報通信事業、エンタテインメントビジネス開発を専門に各種コンサルティング、メディアなどで活躍中。また、総務省等、複数の検討会の構成員を務める。『自動車ビッグデータでビジネスが変わる！プローブカー最前線』（共著、インプレス R&D、2014年）、『道路交通政策とITS』（共著、大成出版社、2014年）などのほか、テレビ・ラジオ出演、執筆、講演等多数あり。

■ 編著者略歴 ■

弁護士　**境田　正樹**（さかいだ　まさき）

防衛・経済安全保障政策をはじめ、コンプライアンス・内部統制対応、スポーツ・ヘルスケア等を専門とし、新型コロナウイルス対策等に係る法律制定や政策立案にも関わる。経済安全保障分野におけるセキュリティ・クリアランス制度等に関する有識者会議メンバー、東北大学客員教授、スポーツ審議会委員等を務める。

弁護士　**白石　和泰**（しらいし　かずやす）

2003年弁護士登録。外務省経済局政策課（日本企業支援室）の専門員として、海外進出支援、法書の海外展開プロジェクト等を担当。大手電気通信事業者での駐在経験もあり、経済安全保障関連法務をはじめ、個人情報保護法、IT・サイバー（情報）セキュリティやAI・ロボット・ドローンに関する法令を含む幅広い分野を取り扱っている。著書・講演多数。

KINZAI バリュー叢書 L

## わかる経済安全保障

2023年9月7日　第1刷発行

編著者　境　田　正　樹
　　　　白　石　和　泰
発行者　加　藤　一　浩

〒160-8519　東京都新宿区南元町19
発　行　所　**一般社団法人 金融財政事情研究会**
編集部　TEL 03(3355)1721　FAX 03(3355)3763
販売受付　TEL 03(3358)2891　FAX 03(3358)0037
URL https://www.kinzai.jp/

DTP・校正：株式会社友人社／印刷：三松堂株式会社

ISBN978-4-322-14360-7

# 創刊の辞

2011年3月、「KINZAIバリュー叢書」は創刊された。ワンテーマ・ワンブックスにこだわり、実務書より読みやすいが新書ほど軽くないをコンセプトに、現代をわかりやすく切り取り、かゆいところに手が届く、丁度いい「知識サイズ」に仕立てた。

ニュース解説に留まらず物事を「深掘り」した結果、バリュー叢書は好評を博し、間もなく第一作の「矜持あるひとびと」から数えて刊行100冊を迎える。読者諸氏のご愛顧の賜物である。

バリュー叢書に通底する理念は不易流行である。「金融」「経営」などのあらゆるジャンルに果敢に挑戦しながら、「不易」―変わらないもの―と「流行」―変わるもの―とをバランスよく世に問うことである。本叢書シリーズは決して色褪せない。それはすなわち、斯界の第一線実務家や研究者が現代を切り取り、コンパクトにまとめ、時代時代の先進的なテーマを鮮やかに一冊に落とし込んでいるからだ。次代に語り継ぐべき大切な「教養」や「斬新な視点」、「魅力溢れる人間力」が手本なき未来をさまようビジネスパーソンの羅針盤になっているものと確信している。

2022年12月、新たに「Legal」を加え、12年振りに「バリュー叢書L」を創刊する。不易流行は変わらずに、いま気になることがすぐにわかる内容となっている。第一線実務家や研究者はもとより、立案担当者や制度設計に携わったプロ達も執筆陣に迎えている。

新シリーズもまた、混迷の時代、先が見通せないと悩みながら「いま」を生き抜くビジネスパーソンの羅針盤であり続けたい。

加藤　一浩